AF302530

TIER RECHTS REPORT 2016

RECHERCHEN, TIERQUÄLEREIEN UND RECHTLICHE ENTWICKLUNGEN IN DEUTSCHLAND

Bibliografische Information der Deutschen Nationalbibliothek:

Die Deutsche Nationalbibliothek verzeichnet diese Publikation in der Deutschen Nationalbibliografie, detaillierte bibliografische Daten sind im Internet über *http://dnb.d-nb.de* abrufbar.

Umschlaggestaltung:	Petra Thaler, PETA Deutschland e.V.
Satz und Layout:	Petra Thaler, PETA Deutschland e.V.
Umschlagabbildung:	PETA Deutschland e.V.
Konzept und Redaktion:	Dr. Edmund Haferbeck, PETA Deutschland e.V.
Lektorat:	Tina Reschke
Herstellung und Verlag:	BoD – Books in Demand, Norderstedt

ISBN 978-3-7392-3794-7
Dieses Buch ist auch als E-Book erhältlich.

INHALT

Vorwort   11

Einleitung   13

<u>BEKLEIDUNG</u>

Tierzucht für die Pelzindustrie in Deutschland   14
Der Anfang vom Ende

Lederproduktion   18
Neue Recherchen und tierfreie Innovationen

Wollproduktion   22
Globale Tierqual an Schafen und Angorakaninchen

<u>ERNÄHRUNG</u>

Geflügelproduktion   28
80 Prozent durchermittelte systemimmanente Tierquälerei

Eierproduktion   32
50 Prozent Lebensvernichtung

Schweineproduktion   36
Ständige Rechtsbrücho in Mast und Ferkelaufzucht

Rinder und Milchproduktion   40
Ständige Missstände

Angeln als Freizeitspaß   42
Rechtsbrüche und Verteidigungsstrategien der Behörden

Wirbellose   44
Vom Tierschutzgesetz fast rechtlos gestellt

<u>TIERVERSUCHE</u>

Die US-Gesundheitsbehörde gibt auf   46
Auswirkungen auf Deutschland

PETAs Internationales Wissenschaftskonsortium   48
Verhandlungen auf höchster Ebene

Durchsetzung von Alternativmethoden für das Militär   58
Die USA als Vorreiter

UNTERHALTUNG

Stierkampf   62
Widerstand und Subventionen

Die Tierqual bei Zirkus Charles Knie & Co   64
Verbote, Verurteilungen und behördliche Zwangsmittel

Zoos   70
Besucherzahlen untermauern Paradigmenwechsel

Die Jagd in der Landesgesetzgebung   76
Beschränkungen nehmen zu

Pferde als Sportgeräte   82
Eine unbelehrbare Clique von Tierquälern

Pferdekutschen am Pranger   86
Tierquälereien und schwere Unfälle an der Tagesordnung

Ponykarussells   90
Durchbruch gegen die Pferdeschinderei

Delfinarium Nürnberg   92
Eine Pressekonferenz als Geständnis

TIERISCHE MITBEWOHNER

Heimtier- und Exotenhandel   94
Verkaufsschluss bei OBI und REWE-toom

Qualzucht pur   98

Die alltägliche Tierquälerei   102
Whistleblowing nachgefragt

Animal Crushing   106
Unfassbare Tierquälereien im Verborgenen

ALLGEMEIN

PETA als Marke   110
Tierrechte im Spannungsfeld von Organisationen und Wirtschaft

Religion und Tierrechte   116

Tierrechte & Veganismus im Internet   120

RECHT

Der Tierschutzbericht der Bundesregierung   124
Defizite des Gesetzgebers

Tierschutzverbandsklagerecht   128
Baden-Württemberg zieht nach

Die Informationsfreiheitsgesetze   130
Nordrhein-Westfalen fällt zurück

Epilog   136

Anhang
Auswahl der Erfolge 2015 von PETA Deutschland e.V.   138
Auswahl von Tierrechtsorganisationen in Deutschland   146
Kurzporträt PETA Deutschland e.V.   148
Personenregister   150

VORWORT

Viele Nichtregierungsorganisationen veröffentlichen mittlerweile Jahresberichte oder Reports, die sich fast ausschließlich mit gesellschaftlichen und anderweitigen menschlichen Problembereichen befassen. Doch in den vergangenen Jahren sind die Tierrechte – von Kommentatoren als die soziale Bewegung des 21. Jahrhunderts schlechthin bezeichnet – auf dem Boulevard der öffentlichen Meinung angekommen. Etliche Titelgeschichten und -reportagen in den Leitmedien der Republik, Bücher, Fernsehfilme, Fernsehdokumentationen, aber auch Kinofilme zeugen von dieser Entwicklung, und PETA ist sozusagen so gut wie immer Thema dabei.

So war es an der Zeit, dass PETA Deutschland e.V. als Schwesterorganisation der weltweit größten Tierrechtsorganisation PETA USA mit dem Jahr 2015 den alljährlichen Tierrechtsreport veröffentlicht. Dieser liegt nun in seiner zweiten Fassung vor. Zwar hat es in der Vergangenheit immer mal wieder diverse Tierschutzberichte gegeben, jedoch unregelmäßig und eben Tierschutzberichte und keinen Tierrechtsreport. Tierrechte sind unmittelbar und mittelbar mit Menschenrechten, Welthunger, Umweltverschmutzung, Klimawandel, Wasserknappheit, Bodenerosion, Regenwaldrodungen, Artenschutz, Biodiversität, der öffentlichen Sicherheit und Ordnung, menschlichen Erkrankungen oder dem Rechtsfrieden, der in Deutschland durch die Ausbeutung der Tiere in vielerlei Hinsicht nachhaltig gestört ist, verbunden. Der Tierrechtsreport soll dem entgegenwirken, indem er darüber informiert, was 2015 hierzulande in den unterschiedlichsten Schwerpunktthemen geschehen ist und welche Entwicklungen in der Zukunft zu erwarten sind.

Stuttgart, im Mai 2016

Ingrid Newkirk

1. Vorsitzende von PETA Deutschland e.V.

EINLEITUNG

Tierrechte sind eines der gesellschaftlich meistdiskutierten Themen in Deutschland. Dabei steht nicht mehr nur der Schutz von Tieren im Fokus, es geht vielmehr um die Anerkennung ihrer unveräußerlichen und vergleichsweise weitgehenden Rechte. Tagtäglich trifft jeder Mensch Entscheidungen, die unmittelbar mit Tierrechten verbunden sind: ob Lebensmittel auf dem Teller, Haushalts-, Kosmetik- oder Pflegeprodukte im Einkaufswagen, die Wahl der Kleidung oder die Freizeitgestaltung. Überall begegnen Verbraucher Tieren oder dem, was aus ihren Körpern hergestellt wurde. Diese vielfältigen Überschneidungen mit dem privaten und auch öffentlichen Leben machen deutlich, wie groß der Einflussbereich jedes Einzelnen ist.

PETA hat es sich zur Aufgabe gemacht, Gesellschaft, Politik und Wirtschaft mithilfe fundierter Informationen aufzuklären und so das Bewusstsein für Tierrechtsthemen zu schärfen. Ob Leid in der Pelz-, Leder- oder Wollproduktion, systemimmanente Tierquälerei in fleisch-, milch- oder eierproduzierenden Betrieben und Schlachthöfen, der Blick in den Tierversuchs- oder Unterhaltungssektor oder Hintergrundberichte aus dem Heimtierhandel: Der vorliegende Tierrechtsreport gibt einen einmaligen Überblick über den Ist-Zustand der Tierrechtsproblematik. Und er liefert einen Ausblick. Die dokumentierten Erfolge zeigen, was PETA und andere Tierrechtsorganisationen im vergangenen Jahr auf allen Ebenen für die Tiere erreichen konnten. Das Vertrauen der Verbraucher in gesetzgeberische Initiativen sinkt zusehens, gleichzeitig gewinnt die „Marke PETA" an Relevanz, sei es als Kooperationspartner für gewaltfreie Produkte, Lizenzgeber für Logos oder durch die Vergabe von Auszeichnungen wie dem Vegan Fashion Award und dem Progress Award.

Jedes Jahr werden in deutschen Schlachthäusern knapp 800 Millionen Tiere für die Fleisch-, Milch- und Eierindustrie getötet. Für PETA kann der Ausstieg aus diesem leidvollen Kreislauf nur über den Weg einer ausgewogenen veganen Ernährung gelingen. Der Tierrechtsreport 2016 ist ein Appell an jeden Einzelnen, hinzuschauen, das Tierleid zu begreifen und verantwortungsvolle Entscheidungen zu treffen. Körperliche Unversehrtheit und die Würde sind grundlegende Rechte, die Tieren genauso zustehen wie Menschen.

BEKLEIDUNG

TIERZUCHT FÜR DIE PELZINDUSTRIE IN DEUTSCHLAND

DER ANFANG VOM ENDE

Hinter Stacheldraht und in winzigen Drahtkäfigen werden auf Großfarmen in Deutschland schätzungsweise noch rund 100.000 Nerze wegen ihres Pelzes gezüchtet und nach wenigen Monaten vergast. Doch im Mai 2015 brachten die Länder Schleswig-Holstein und Rheinland-Pfalz einen Gesetzesantrag für ein Verbot der sogenannten Pelztierzucht in Deutschland in den Bundesrat ein.[1] Angesichts moderner Kunstpelze gäbe es keinen „vernünftigen Grund", Tiere für Pelz unnötig einzusperren und zu töten, so die mehrheitliche Meinung der Länderkammern.
Die 2006 beschlossene Durchsetzung größerer Käfige oder Wasserbecken sind am Widerstand der Pelzfarmbetreiber gescheitert. Seit Dezember 2011 weigern sich die Inhaber der verbliebenen Nerzfarmen, die geänderte Tierschutznutztierhaltungsverordnung nach Ablauf der Übergangsfrist umzusetzen und klagen vor den Verwaltungsgerichten, um Rechtsschutz zu erhalten. Kontrollen der Pelzfarmen durch PETA haben ergeben, dass die Farmbetreiber keine Aufrüstungen der Haltungseinrichtungen mit Wasserbecken, Klettermöglichkeiten oder Planboden vornehmen, die der Verordnungsgeber ab 2016 verlangt. Das Oberverwaltungsgericht Schleswig urteilte zuletzt, dass die aktuellen Haltungssysteme von Nerzen nicht tiergerecht seien, für schwerwiegende Eingriffe in die Berufsfreiheit jedoch ein Parlamentsbeschluss nötig sei.[2] Das Verfahren ist anhängig beim Bundesverwaltungsgericht.[3]

Modeunternehmen werden pelzfrei

HUGO BOSS hat als führendes internationales Unternehmen für Premiumfashion den Entschluss gefasst, ab 2016 keine Zuchtpelze – etwa von Marderhunden oder Kaninchen – in seinen Kollektionen einzusetzen und Restbestände abzuverkaufen. Auslöser für die Entscheidung ist die Nachhaltigkeitsstrategie des Konzerns, die im Bereich Tierschutz in den letzten Jahren auch durch umfassende Dialoge mit PETA geprägt wurde.[4,5]

Vonseiten der Modehändler verkündete die Marke Yeans Halle, künftig keine Artikel mit Pelz mehr zu ordern, nachdem PETA die Geschäftsführung über die Realität auf den internationalen Pelzfarmen informiert hatte.[6] Vor Filialen von Peek & Cloppenburg Düsseldorf gab es jedoch bundesweite Anti-Pelz-Proteste von Tierrechtlern, weil in der Herbst-/Winter-Saison 2014/2015 wieder Jacken und Accessoires mit Kaninchenpelz angeboten wurden, die nach Protesten seit dem Geschäftsjahr 2007 aus dem Sortiment des Modehändlers verschwunden waren. Im Dezember 2015 erklärten Peek & Cloppenburg Düsseldorf und sein Tochterunternehmen ANSON'S, ab dem Geschäftsjahr 2016 keine Produkte mit Kaninchenpelzbesatz mehr einzukaufen und Altbestände abzuverkaufen.[7]

Falsch deklarierte Pelze in Deutschland

Es fehlt nach wie vor eine aussagekräftige Pelzdeklaration in Deutschland. Die gültige EU-Textilkennzeichnungsverordnung schreibt bei Pelzen lediglich den Hinweis „Enthält nicht-textile Teile tierischen Ursprungs" als Hinweis im Etikett bei Pelzbesatz an Mützen oder Mantelkrägen vor.[8] Da dieser Hinweis auch für Lederpatches, Hornknöpfe oder Daunenfüllungen an Bekleidung gilt, ist für den Verbraucher jedoch keine aufschlussreiche und einfache Identifikation von Pelz an Produkten möglich. Um diese Unklarheit für alle Kunden zu beseitigen, erklärte die SPD im März 2015, mit dem Koalitionspartner CDU/CSU über eine klare Kennzeichnung von Pelzen beraten zu wollen.[9] Nach dieser Ankündigung sind innerhalb der Regierungskoalition jedoch keine offiziellen Gesetzesanträge in die Tat umgesetzt worden.

Dabei fanden Tierrechtler und Journalisten auch im Jahr 2015 weitere falsch oder gar nicht deklarierte Pelze an Bekleidung. PETA entdeckte im Frühjahr 2015 Marderhundefell an einer falsch deklarierten Bommelmütze von Stöhr.[10] Der Bayerische Rundfunk entdeckte im Februar 2015 bei Recherchen in den Münchener Kaufhäusern Ludwig Beck und Konen an Mützen versteckten Pelz von Marderhund und Kaninchen.[11] Bei weiteren Kontrollen im Winter fand der Bayerische Rundfunk bei Ludwig Beck erneut ein nicht ordnungsgemäß gekennzeichnetes Cape mit Pelz, und auch PETA fand in vier Stuttgarter Boutiquen falsch deklarierte Jacken und Accessoires mit Tierfellen.[12,13]

Modehändler und Labels hatten bei Verstößen gegen die Textilkennzeichnungsverordnung bis 2015 keine ernsthaften Konsequenzen zu fürchten, da nur Mitbewerber oder Verbraucherzentralen Verstöße abmahnen konnten und nur bei weiteren Verstößen rechtliche Sanktionen drohten. Laut einem Gesetzentwurf der Bundesregierung soll die Textilkennzeichnung ab 2016 vereinheitlicht und der Verordnungsvollzug auch durch Behörden ermöglicht werden, die ordnungswidrige Produkte bei Verstößen beschlagnahmen und Bußgelder von bis zu 10.000 Euro verhängen können.[14]

Hundepelz in Berlin

Für Schlagzeilen sorgten im Winter 2015 Funde von Mützen aus Hundepelz bei Berliner Straßenhändlern am Alexanderplatz.[15] Tierartanalysen des Landeslabors Berlin-Brandenburg bestätigten den Fund von Hundefell in einer ersten Haaruntersuchung.[16] Rechtlich ist der Handel mit Pelzen von Hunden und Katzen in der EU untersagt.[17] Doch aus China oder anderen asiatischen Ländern gelangen immer wieder falsch oder gar nicht deklarierte Hundepelze an Jacken oder Mützen auf den deutschen Markt. Aktuelle Recherchen in China hatten zum wiederholten Male aufgedeckt, dass Hunde ihres Felles oder Fleisches wegen weiterhin brutal getötet werden.[18]

Quellen:

[1] *Deutscher Bundesrat (2015): Drucksache 217/15: Entwurf eines Gesetzes zur Änderung des Tierschutzgesetzes. 12.05.2015. Berlin.*

[2] *OVG Schleswig: Urteil vom 05.12.2014. Az. 4 LB 24/12.*

[3] *Das Bundesverwaltungsgericht hat das Urteil des OVG Schleswig mit Beschluss vom 08.01.2016 aufgehoben und die Revision zugelassen. Az. 3 B 20.15 (3 C 1.16).*

[4] *HUGO BOSS (2014): Nachhaltigkeitsbericht 2014. HUGO BOSS AG: Metzingen.*

[5] *PETA Deutschland e.V. (2015): Pressemeldung: HUGO BOSS beendet Verkauf von Kaninchenpelz und Angora. 28.05.2015. Stuttgart. http://www.peta.de/ hugo-boss-beendet-verkauf-von-kaninchenpelz-und-angora (07.04.2016).*

[6] *PETA Deutschland e.V. (2015): Pressemeldung: Erfolg nach PETA-Verhandlungen: Yeans Halle stoppt Einkauf von Echtpelz. 14.12.2015. Stuttgart.*

http://www.peta.de/erfolg-nach-peta-verhandlungen-yeans-halle-stoppt-ein-kauf-von-echtpelz (07.04.2016).

[7] Peek & Cloppenburg KG (2015): Pressemeldung vom 11.12.2015. Düsseldorf.

[8] Verordnung (EU) Nr. 1007/2011 vom 27. September 2011 über die Bezeichnungen von Textilfasern und die damit zusammenhängende Etikettierung und Kennzeichnung der Faserzusammensetzung von Textilerzeugnissen. In: Amtsblatt der Europäischen Gemeinschaften vom 18.10.2011. L 272, S. 1.

[9] Saarbrücker Zeitung (2015): Pressemeldung: SPD will Kennzeichnungspflicht für Pelze verschärfen. 09.03.2015. ots. Berlin. http://www.presseportal.de/pm/57706/2967439 (14.03.2016).

[10] PETA Deutschland e.V. (2015): Pressemeldung: Versteckter Echtpelz: PETA entdeckt Marderhundefell an falsch deklarierter Bommelmütze von Stöhr. 18.02.2015. Stuttgart. http://peta.de/versteckter-echtpelz-peta-entdeckt-marderhundefell-an-falsch-deklarierter (14.03.2016).

[11] ARD Plusminus (2015): TV-Sendung: Gift im Pelz. 18.02.2015. München: Bayerischer Rundfunk.

[12] Bayern 2 radioWelt (2015): Radiosendung von Vanessa Lünenschloß: Echt oder künstlich. Kleidung mit Pelz – nach wie vor nicht richtig etikettiert? 09.12.2015. München: Bayerischer Rundfunk.

[13] PETA Deutschland e.V. (2015): Pressemeldung: Versteckter Echtpelz in Stuttgart entdeckt. 18.12.2015. Stuttgart. http://www.peta.de/versteckter-echtpelz-in-stuttgart-entdeckt-peta-warnt-verbraucher-beim (14.03.2016).

[14] Gesetz zur Durchführung der Verordnung (EU) Nr. 1007/2011 und zur Ablösung des Textilkennzeichnungsgesetzes. Bundesgesetzblatt Jahrgang 2016, Teil I, Nr. 8. S. 198. 23.02.2016. Bonn.

[15] Marrach, Konstantin/Biermann, Till (2015): Am Alex werden Mützen aus Hundefell verkauft. In: Berliner Zeitung Online. http://www.bz-berlin.de/berlin/mitte/trotz-import-verborts-hier-wird-eine-muetze-aus-hundefell-verkauft (14.03.2016).

[16] Abgeordnetenhaus Berlin (2015): Drucksache 17 / 17 358: Schriftliche Anfrage des Abgeordneten Alexander J. Herrmann (CDU) und Antwort zu 3).

[17] Verordnung (EG) Nr. 1523/2007 des Europäischen Parlaments und des Rates vom 11. Dezember 2007 über ein Verbot des Inverkehrbringens sowie der Ein- und Ausfuhr von Katzen- und Hundefellen sowie von Produkten, die solche Felle enthalten, in die bzw. aus der Gemeinschaft. In: Amtsblatt der Europäischen Gemeinschaften. 27.12.2007. L 343, S. 1.

[18] Animal Equality (2015): Leben statt Leiden: Hundepelz aus China. http://www.animalequality.de/neuigkeiten/neue-recherche-hundepelz-aus-china (14.03.2016).

LEDERPRODUKTION

NEUE RECHERCHEN UND TIERFREIE INNOVATIONEN

PETA-Unterstützer protestierten in mehreren deutschen und internationalen Städten gegen den Verkauf von Exotenleder.[19] Im Juni 2015 hatten PETA USA und ihre Schwesterorganisationen erstmals Recherchevideos veröffentlicht, die zeigen, wie Reptilien auf Hermès-Zulifererfarmen lebendig aufgeschnitten wurden.[20] Die Farmen liefern Krokodil- und Alligatorenhäute an Gerbereien des Lederwarenherstellers Hermès, aus denen Birkin Bags im Wert von über 40.000 US-Dollar oder Uhrenarmbänder im Wert von 2.000 US-Dollar hergestellt werden. PETA-USA-Ermittler haben erschütternde Tierquälereien auf der Lone Star Alligator Farm in Winnie, Texas, auf Video festgehalten. Dort schossen Mitarbeiter Alligatoren zum Teil mehrmals mit einem Bolzenschussgerät in den Kopf. Mit einem Teppichmesser schnitten sie den Tieren in den Hals, um ihre Blutgefäße zu durchtrennen. Einige Reptilien überlebten jedoch und bewegten sich noch minutenlang in Behältern mit Eiswasser. In Simbabwe wurden bis zu 220 Krokodile in Betongruben der Padenga Holdings Krokodilfarmen in Kariba eingesperrt. Padenga unterhält einen der größten Farmbetriebe für Nilkrokodile weltweit. Allein im Jahr 2014 wurden dort 43.000 Tiere getötet.

Nach Bekanntwerden der schockierenden Bilder distanzierte sich die Schauspielerin und Sängerin Jane Birkin zunächst von Hermès und wollte nicht mehr Namensgeberin der nach ihr benannten Birkin Bag sein.[21] Nach Beschwichtigungsversuchen seitens des Modekonzerns Hermès gegenüber Jane Birkin einigte man sich jedoch nach Monaten wieder bei den Namensrechten für die Luxushandtasche.[22] Währenddessen übte der Modekonzern auch Druck auf Werbeanbieter aus, die PETA-Plakate mit dem Slogan „Hermès – Blutige Mode" nach wenigen Tagen und Beschwerden von Hermès in Hamburg und Frankfurt/Main überklebten.[23]

Billige Lederschuhe aus Indien

Die Situation von Tieren, Menschen und Umwelt in Lederproduktionsländern wie Indien hat sich trotz jahrelanger öffentlicher Kritik in Deutschland nicht weitgehend verbessert. Vor-Ort-Recherchen des Bayerischen Rundfunks für das Magazin *Plusminus* zeigten im November überfüllte Tiertransporte, die systematisch gegen die nationalen Tierschutzgesetze verstoßen, da viel zu viele Rinder auf eine Ladefläche gepfercht werden.[24] Verletzungen und zertrampelte Tiere sind damit vorprogrammiert. Ebenso dramatisch ist die Situation für Arbeiter in Gerbereien, die den giftigen Laugen und Gasen im Alltag größtenteils ungeschützt ausgeliefert sind und an Haut- und Lungenerkrankungen leiden. In Kanpur, einer der Lederhochburgen Indiens, entsorgen Fabriken ihre Abwässer ungefiltert in den Fluss und töten so alles Leben. Die Reporter entdeckten in einer Fabrik Schuhe der italienischen Marke GEOX und der deutschen Schuhmarke Gabor, die ihre Modelle auch auf dem deutschen Markt anbieten. Gabor veranlasste aufgrund der Vorwürfe Nachprüfungen von Vorlieferanten seiner direkten Zulieferer und bestätigte, dass ein geringer Anteil seines Leders aus Indien stammt.[25]

Einsatz für Importverbot von Hundeleder in die EU

Ende 2014 gelang es einem Ermittler von PETA Asia, in China Videoaufnahmen von Arbeitern bei der im regionalen Handel üblichen Schlachtung von Hunden und der Verarbeitung der Tierhäute für die Lederindustrie zu machen. Daher setzt sich PETA Deutschland gemeinsam mit ihren Schwesterorganisationen bei der EU-Kommission für eine Erweiterung der bestehenden Verordnung (EG) Nr. 1523/2007 auf alle Produkte von Hunden und Katzen ein.[26] Aktuell verbietet die EU-Verordnung lediglich den Import und Verkauf von Hunde- und Katzenpelzen, nicht aber von Leder oder anderen Produkten dieser Tierarten.[27] Bisher werden in Deutschland und der EU angebotene Lederwaren von staatlichen Stellen oder Laboren nicht systematisch auf die Tierart Hund kontrolliert, weshalb falsch deklariertes Hundeleder nur schwer identifizierbar ist. Eine erweiterte EU-Verordnung könnte den nationalen Behörden die gesetzliche Grundlage für den Vollzug systematischer Stichproben ebnen und Sanktionen ermöglichen.

Weiterhin Chrom VI in Lederwaren

Neben dem Tierleid hinter Leder versteckt sich in sehr vielen Handschuhen, Taschen oder Schuhen auch weiterhin gesundheitsgefährdendes Chrom VI. Das Bundesamt für Verbraucherschutz und Lebensmittelsicherheit warnte in seinem bundesweiten Überwachsungsplan 2014, dass das allergieauslösende und krebserregende Schwermetall in durchschnittlich jeder sechsten Lederwarenprobe zu finden war.[28] Chrom VI entsteht bei unsachgemäßer Gerbung der Tierhäute in Ländern wie Indien, China oder Vietnam. Chrom VI kann bei Menschen zu schweren chronischen Hautausschlägen führen, und allein in Deutschland leiden bereits über eine halbe Million Menschen unter einer Chrom-VI-Sensibilisierung.[29]

Forschung an Lederalternativen

Textilingenieure und Modelabels entwickelten 2015 bestehende Ansätze von Lederalternativen weiter. So brachte das Berliner Label bleed clothing erstmals eine vegane „Lederjacke" aus Kork auf den breiten Markt.[30] Noch in der frühen Entwicklungsphase steht die Verwirklichung biologisch wachsenden Leders auf der Basis von Pilz- und Bakterienkulturen, die etwa das Leipziger Startup ScobyTec vorantreibt.[31] Durch den natürlichen Wachstumsprozess entsteht hierbei eine differenzierte Hautstruktur. Erste Lederjackenprototypen mit innovativen Transparenzeffekten haben viel Potenzial im Modedesign. Bald dürften Produkte aus Ananaspflanzen unter dem Textilnamen PIÑATEX auf den Markt kommen.[32] Nach der Ernte übrig gebliebene Blätter von 16 Ananaspflanzen reichen, um daraus einen Quadratmeter feste und sehr leichte Lederalternative zu gewinnen. Diese innovative ökologische Textilfaser eignet sich für Schuhe, Taschen und Bekleidung und einige Designer und Labels entwickeln bereits erste Produkte für kommende Modekollektionen.

Quellen:

[19] *PETA Foundation (2015): ‚Reptiles' Go on World Tour of Hermès Stores. London. http://www.peta.org.uk/action/peta-reptiles-go-on-world-tour-of-hermes-stores/ (14.03.2016).*

[20] *PETA Deutschland e.V. (2015): Leiden für Luxus: Exotenleder. Der Bauch der Bestie. http://leder.peta.de/exotenleder/ (14.03.2016).*

[21] *Reuters (2015): Protest gegen Krokodiltötungen: Die Birkin Bag braucht einen neuen Namen. In: Spiegel Online. http://www.spiegel.de/panorama/birkin-bag-hermes-handtasche-braucht-neuen-namen-a-1045755.html (14.03.2016).*

[22] *Schubert, Christian (2015): Misshandelte Krokodile. Jane Birkin einigt sich mit Hermès. In: Frankfurter Allgemeine. http://www.faz.net/aktuell/wirtschaft/unternehmen/misshandelte-krokodile-jane-birkin-einigt-sich-mit-hermes-13797756.html (14.03.2016).*

[23] *PETA Deutschland e.V. (2015): Pressemeldung: Hermès sieht rot: Blutige PETA-Plakate nach Beschwerde des Luxus-Modeunternehmens von Werbeflächenanbieter überklebt. 18.09.2015. Stuttgart. http://www.peta.de/hermssieht-rot-blutige-peta-plakate-nach-beschwerde-des (14.03.2016).*

[24] *ARD Plusminus (2015): TV-Bericht von Anne Hinder: Schicker Schuh – dreckige Produktionsbedingungen. 11.11.2015. München: Bayerischer Rundfunk. http://www.daserste.de/information/wirtschaft-boerse/plusminus/sendung/gift-leder-pelz-100.html (14.03.2016).*

[25] *Frantze, M. (2015): Gabor: Reaktion auf TV-Bericht. In: Schuhkurier. 13.11.2015. Düsseldorf: Verlag Sternefeld. https://www.schuhkurier.de/news/gabor-reaktion-auf-tv-bericht-17693/ (15.03.2016).*

[26] *PETA Deutschland e.V. (2016): Importverbot für Hundeleder in die EU. http://www.peta.de/hundeleder-eu (15.03.2016).*

[27] *Verordnung (EG) Nr. 1523/2007 vom 11. Dezember 2007 über ein Verbot des Inverkehrbringens sowie der Ein- und Ausfuhr von Katzen- und Hundefellen sowie von Produkten, die solche Felle enthalten, in die bzw. aus der Gemeinschaft. In: Amtsblatt der Europäischen Gemeinschaften. 27.12.2007. L 343, S. 1-4.*

[28] *Bundesamt für Verbraucherschutz und Lebensmittelsicherheit (2015): Bundesweiter Überwachungsplan 2014. Braunschweig: BVL. http://www.bvl.bund.de/DE/01_Lebensmittel/01_Aufgaben/02_AmtlicheLebensmittelueberwachung/03_BUEP/lm_buep_node.html (15.03.2016).*

[29] *Bundesamt für Risikobewertung: Stellungnahme Nr. 017/2007 vom 15.09.2006.*

[30] *bleed clothing (2015): Montado Black Edition. https://www.bleed-clothing.com/deutsch/shop/specials/montado-black-edition (28.04.2016).*

[31] *ScobyTec: http://scobytec.tumblr.com/ (15.03.2016).*

[32] *Ananas anam: http://www.ananas-anam.com/ (15.03.2016).*

WOLLPRODUKTION

GLOBALE TIERQUAL AN SCHAFEN UND ANGORA-KANINCHEN

Die deutsche und internationale Politik beschäftigte im März 2015 die Frage um den tierquälerischen Lebendrupf von Angorakaninchen in China. Die niederländische Staatssekretärin Sharon Dijksmam brachte auf einem Treffen der EU-Agrarminister in Brüssel eine Regulierung der Haltungsbedingungen und Behandlung der Angorakaninchen außerhalb Europas auf die Tagesordnung.[33] PETA Asia hatte den Lebendrupf von Angorakaninchen für ihre Wolle sowie die artwidrige Haltung in Käfigbatterien im Hauptexportland China bereits 2013 angeprangert. Der deutsche Agrarminister Schmidt unterstützte dieses Vorhaben einer freiwilligen Selbstverpflichtung der Modebranche und sprach das Thema Tierschutz und Angorawolle bei bilateralen Gesprächen in China an. Das Deutsch-Chinesische Agrarzentrum solle Standards zum Tierschutz entwickeln.[34] Bisher fehlt es in China weiterhin an einem nationalen Tierschutzgesetz, das die Grundsätze der Tierhaltung in der Volksrepublik festlegt, Tierquälereien definiert und landesweit sanktionieren kann.

Auch EU-Parlamentarier beschäftigte die Frage des Tierschutzgesetzes in China, die Behandlung von Angorakaninchen und die Tötung von Hunden für Lederwaren. Die Delegation des Europäischen Parlaments für die Beziehungen zur Volksrepublik China sprach Tierschutzthemen bei Treffen mit chinesischen Regierungsvertretern im Juli in Peking und Shenyang an, nachdem insbesondere die deutschen EU-Parlamentarier Stefan B. Eck und Jo Leinen das Thema Tierschutz auf die Tagesordnung der Delegation brachten und im Vorfeld Konsultationen mit PETA und anderen TierSCHUTZorganisationen vornahmen.[35] China ist der größte Handelspartner der EU, jedoch fehlt im landwirtschaftlichen Bereich ein nationales Tierschutzgesetz. Die Delegation des EU-Parlaments versucht darauf hinzuwirken, dass der bereits seit 2011 vorliegende Gesetzentwurf für ein nationales Tierschutzgesetz endlich vom Nationalen Volkskongress beschlossen wird, doch bisher sind keine Fortschritte im Gesetzgebungsprozess zu verzeichnen.

Tierquälerei auf „artgerechten" Angorafarmen

Im Oktober 2015 veröffentlichte PETA Asia weitere Materialien von Ermittlungen auf angeblich „artgerechten" Angorafarmen.[36] Einzelne internationale Modemarken hatten nach den Enthüllungen über Lebendrupf und artwidrige Haltung der Angorakaninchen in China noch immer Angorawolle für ihre Kleidung eingesetzt. Sie gaben an, ihren Farmern zu vertrauen. Zudem hätten externe Kontrolleure die Betriebe als „artgerecht" eingestuft. Bei unangekündigten Kontrollen auf mehreren Angorafarmen des chinesischen Festlandes dokumentierte die Tierrechtsorganisation, wie Arbeiter die Kaninchen an ihren empfindlichen Ohren aus den Drahtkäfigen zogen und auf ihre Ohren traten, um sie gewaltsam zu scheren. Die lebendig gerupften Angoras lagen anschließend völlig regungslos in ihren winzigen Käfigen. Die meisten Kaninchen litten unter schweren Hautirritationen, verursacht durch exzessiven Speichelfluss, und es fehlte eine tiermedizinische Versorgung kranker oder verletzter Tiere. PETA und ihre internationalen Schwesterorganisationen konnten im Jahr 2015 Dutzende weitere Einzelhandelsunternehmen dazu bewegen, Angora dauerhaft aus dem Sortiment zu streichen. Zu ihnen gehören Bestseller[37] mit den Marken Only und Vero Moda, Hugo Boss[38], Benetton[39], Tchibo[40] und Inditex, der größte Textilkonzern der Welt und Konzernmutter des Unternehmens Zara.[41] Als eines der letzten großen Warenhäuser verkaufte Galeria Kaufhof 2015 weiterhin Produkte mit Angorawolle deutscher Marken und reagierte bisher nicht mit einem Einkaufsstopp auf die Kritik von PETA an den artwidrigen Haltungsbedingungen der Kaninchen.[42] Etwa 500 Tonnen Angorawolle gelangen hauptsächlich aus China nach Deutschland.[43]

Schafe weltweit für Wolle misshandelt

Durch internationale Undercover-Recherchen von PETA USA konnten 2015 weitere tierquälerische Praktiken in der globalen und kommerzialisierten Wollindustrie aufgedeckt werden. Große internationale Wellen in der Modebranche schlug im August 2015 eine erste Ermittlung im Wollexportland Argentinien auf einer Farm des Netzwerkes Ovis 21.[44] Der Zusammenschluss von Schaffarmern warb mit nachhaltiger Wolle und der Bewahrung der Weideflächen in Patagonien. Ein Zeuge stieß auf Arbeiter, die auf Lämmer einstachen, die noch bei vollem Bewusstsein waren, und begannen, einige Tiere zu häuten, während diese noch am Leben waren und um sich traten. Schafe erlitten durch die schnelle und rücksichtslose Schur blutende Schnittwunden. Auch die blutige und übliche Schwanzkürzung ohne Schmerzmittel wurde durch die Ermittler für eine breite Öffentlichkeit dokumentiert. Aufgrund der Enthüllungen erklärten die britische Luxusdesignerin Stella McCartney und der Outdoorbekleidungshersteller Patagonia, keine Wolle mehr von Farmen des Ovis-21-Netzwerkes aus Argentinien zu beziehen.[45,46] Auch die Südwolle Group, einer der führenden Hersteller von Garnen aus Wolle und Wollmischungen, bestätigte nach Gesprächen mit PETA Deutschland, bis auf Weiteres keine Wolle von Ovis 21 zu beziehen.[47]

Im Oktober 2015 zeigte ein weiterer PETA-Enthüllungsbericht aus Argentinien die tierquälerischen Zustände auf einer Schaffarm.[48] Die Scherer schlugen den Schafen mit Metallscheren ins Gesicht, und die schnelle und grobe Schur hinterließ bei vielen Schafen blutige Schnittwunden. Die Scherer nähten die klaffenden Wunden der Tiere nur hastig mit Nadel und Faden zu – ohne Betäubung und veterinärmedizinische Versorgung. Zudem wurde die auf Schaffarmen standardmäßige Kastration dokumentiert, wobei Arbeiter einen engen Ring um den Hodensack der Lämmer legen, was extrem schmerzhaft für die Tiere ist. Diese Ringe unterbinden die Blutzufuhr in die Hoden, die dadurch verkümmern und über Wochen hinweg absterben sollen. Der internationale Wollhändler Chargeurs mit Sitz in Paris stellte den Einkauf von Wolle bei dieser argentinischen Farm nach Gesprächen mit PETA USA letztendlich ein.[49]

Im November 2015 folgte die Veröffentlichung einer neuen Recherche von PETA USA auf einer Schaffarm im Wollexportland Australien.[50] Im Video ist festgehalten, wie Arbeiter die Schafe von der Schurrampe stießen, sie zu Boden warfen, traten und sich auf ihren Hals stellten. Der grobe Umgang und die Achtlosigkeit der Scherer hinterließen schwere Wunden und blutige Schnittverletzungen bei den Schafen. Zudem konnte der Augenzeuge das in Australien verbreitete sogenannte Mulesing dokumentieren. Hierbei werden mit großen Scheren Fleischstücke am Hinterteil der Lämmer abgeschnitten. Die Tiere winden sich dabei vor Schmerzen. Aus Australien gelangten 1143 Tonnen ungekämmte Wolle direkt nach Deutschland[51], der Großteil der Rohwolle geht jedoch zunächst zur Verarbeitung über China und anschließend in Form fertiger Produkte u. a. nach Deutschland.

Die Reaktionen internationaler Modefirmen und Wollverarbeiter zeigen deutlich, dass Tierquälereien auf Schaf- oder Angorafarmen durch das Licht der Öffentlichkeit weiter an Relevanz in den Einkaufsabteilungen der Modeunternehmen gewinnen und dass sich der Tierschutz in den globalen Lieferketten unmöglich lückenlos kontrollieren und durchsetzen lässt. Das Jahr 2015 verdeutlicht auch das Scheitern bisheriger Auditsysteme, die eklatante Tierquälereien in den Betrieben mit Tierhaltung entweder jahrzehntelang nicht entdeckten oder unkritisch akzeptierten. Der Druck der Konsumenten gegen tierquälerische Praktiken ist mittlerweile ein Faktor in der Modebranche, der nicht nur die Pelztierhaltung und Tötung betrifft, sondern auch die standardmäßigen Praktiken in der globalen Wollindustrie infrage stellt.

Quellen:
[33] *Stabenow, Michael (2015): EU-Landwirtschaftsminister: Angorakaninchen sollen für Europa nicht mehr leiden. In: Frankfurter Allgemeine. Brüssel. http://www.faz.net/aktuell/gesellschaft/tiere/eu-befasst-sich-mit-tierquaelerei-bei-angorakaninchen-13484795.html (16.03.2016).*
[34] *Bundesministerium für Ernährung und Landwirtschaft (2015): Bundesminister Schmidt eröffnet in Peking das Deutsch-Chinesische Agrarzentrum. 12.06.2015. https://www.bmel.de/DE/Ministerium/IntZusammenarbeit/BilateraleZusammenarbeit/_Texte/Dossier-Asien.html?nn=2669630¬First=true&docId=6000062 (07.04.2016).*
[35] *PETA Deutschland e.V. (2015): Pressemeldung: „China-Delegation" des Europaparlaments nimmt Tierschutz auf die Agenda. 17.07.2015. Stuttgart. http://www.peta.de/erfolg-nach-kooperation-mit-peta-china-delegation-des-europaparlaments-nimmt (16.03.2016).*
[36] *PETA Deutschland e.V. (2015): PETA-Recherche enthüllt Tierquälerei auf „artgerechten" Angorafarmen. http://www.peta.de/angorakontrolle (16.03.2016).*
[37] *Bestseller A/S (2015): Pressemeldung: BESTSELLER STOPS USING ANGORA. 13.08.2015. http://about.bestseller.com/en/News/2015/8/BESTSELLER-STOPS-USING-ANGORA.aspx (07.04.2016).*
[38] *HUGO BOSS: Nachhaltigkeitsbericht 2014. Metzingen: HUGO BOSS AG.*
[39] *Benetton Group (2015): Pressemeldung: BENETTON GROUP STOPS USING ANGORA. 04.07.2015. Ponzano, Italien. http://www.benettongroup.com/media-press/press-releases-and-statements/beneton-group-stops-using-angora/ (16.03.2016).*
[40] *Engelmann, Andreas (2015): Einkaufstopp für Angoraprodukte. In: Tchibo Blog. 04.02.2016. http://blog.tchibo.com/aktuell/unternehmen/einkaufstopp-fur-angoraprodukte/ (16.03.2016).*
[41] *Kassam, Ashifa (2015): Inditex bans angora sales worldwide after animal welfare protests. In: The Guardian. http://www.theguardian.com/business/2015/feb/09/inditex-bans-angora-sales-animal-rights-protests (16.03.2016).*

[42] PETA Deutschland e.V. (2015): Galeria Kaufhof verkauft Angorawolle. http://www.peta.de/kaufhof-angora (16.03.2016).

[43] Pries, Knut (2015): EU soll gegen Tierquälerei in China vorgehen. In: Der Westen Online. http://www.derwesten.de/politik/eu-soll-gegen-tierquaelerei-in-china-vorgehen-id10465419.html (07.04.2016).

[44] PETA Deutschland e.V. (2015): AUFGEDECKT: Zulieferer von Patagonias „nachhaltiger Wolle" häutete Lämmer bei lebendigem Leib! http://wolle.peta.de/patagonia/ (16.03.2016).

[45] McCartney, Stella (2015): Stella McCartney Instagram. https://www.instagram.com/p/6V4FQyLmBL/ (16.03.2016).

[46] Patagonia, Inc. (2015): Pressemeldung: Update: PETA's Wool Video. 17. 08.2015. Ventura, USA. http://www.patagoniaworks.com/press/2015/8/17/update-petas-wool-video (07.04.2016).

[47] PETA Deutschland e.V. (2015): Südwolle: Keine Wolle von Ovis 21. Veganblog. http://www.veganblog.de/2015/11/suedwolle-keine-wolle-von-ovis-21/ (16.03.2016).

[48] PETA Deutschland e.V. (2015): Argentinische Wollfarm entlarvt: Lämmer verstümmelt, getreten und grausam kastriert. http://www.peta.de/schafe-argentinien (16.03.2016).

[49] PETA Deutschland e.V. (2015): Pressemeldung: Internationaler Wollhändler Chargeurs beendet Geschäftsbeziehungen zu Schaffarm in Argentinien. 05.10.2015. Stuttgart. http://www.peta.de/nach-videoenthuellung-von-peta-usa-internationaler-wollhaendler-chargeurs-beendet (16.03.2016).

[50] PETA Deutschland e.V. (2015): Wolle aus Australien: Blutige Schur und Mulesing. http://www.peta.de/wolle-australien-2015 (16.03.2016).

[51] UN Comtrade Database (2016): HS Code 5101 - Wool, not carded or combed, Year 2015. Reporters Germany, partner Australia, Trade flows Import. New York: United Nations Statistics Divisions. http://comtrade.un.org/data/ (07.04.2016).

ERNÄHRUNG

GEFLÜGELPRODUKTION

80 PROZENT DURCHERMITTELTE SYSTEM-IMMANENTE TIERQUÄLEREI

Nach den Enthüllungen zum Qualitätsdefizit von QS 2007, dem Wiesenhof-Skandal (2010-2012), über die „Puten-Queen" (Ex-Landwirtschaftsministerin Astrid Grotelüschen) und ihre Verstrickungen in Tierhaltungsskandale von Putenzüchtern (2010), dem Heidemark-Konzern (2011, 2013 und 2015), dem Schlachtkonzern VION Bad Bramstedt (2012), Europas größtem Hähnchenproduzenten Plukon (FairMast-Friki und konventionell 2014) und die Rothkötter-Gruppe (2014)[52] blieb noch der derzeit drittgrößte Geflügelproduzent Deutschlands übrig: die Sprehe Gruppe mit einem Jahresumsatz von ca. 800 Millionen Euro.[53] Albert und Paul Sprehe sahen sich in der Vergangenheit dem Vorwurf von Steuerhinterziehung in Millionenhöhe ausgesetzt[54], Pauls Tochter Kristina Bröring-Sprehe ist als Dressurreiterin bekannt. Die Sprehe Gruppe ist nicht nur in der Geflügelproduktion tätig, sondern auch in der Leistungspferdezucht. Die Sprehe-Produkte finden sich weitverzweigt im Lebensmittelhandel und im Discountbereich. Sprehe produziert überwiegend im Ausland, im asiatischen Raum und in Tschechien; in Deutschland betreibt die Gruppe vor allem in den neuen Bundesländern Schlachthöfe, aber nur wenige Mastanlagen.

PETA-Undercover-Aufnahmen dokumentierten 2015 systematische Verstöße gegen die Tierschutznutztierhaltungsverordnung, das Tierschutzgesetz insgesamt sowie gegen die Regeln der guten landwirtschaftlichen Praxis – und dies sowohl in der Mast selbst als auch beim Ausstallen. Es werden mehrere Tiere pro Hand gegriffen, teils an nur einem Bein, sie werden regelmäßig kopfüber getragen, sie flattern heftig mit den Flügeln, sie stoßen ab und an auch an die Gerätschaften und werden teilweise in die Transportkisten geworfen und gequetscht – mit Tierwohl hat all das nichts zu tun.

Mit der Sprehe Gruppe konnte PETA in den vergangenen Jahren den Marktanteil von rund 80 Prozent der Geflügelproduktion durchleuchten; daneben sind auch andere Tierrechtsorganisationen aktiv.[55]

2015 endete die strafrechtliche Aufarbeitung des von PETA 2013 angezeigten Putenmästers Fritz D. aus Rot am See in Baden-Württemberg. D. kann als relative Person der Zeitgeschichte bezeichnet werden. Er ist mindestens zum Zeitpunkt der PETA-Ermittlungen Landessynodale gewesen, Kirchgemeinderat, Vorsitzender der Aktiven jungen Christen, und meint, umsichtig zu wirtschaften. Nachdem das Amtsgericht Langenburg ihn aufgrund der PETA-Aufnahmen erstinstanzlich wegen Tierquälerei verurteilt hatte[56], stellte das Landgericht Ellwangen das Verfahren auf seine Berufung hin nach § 153a StPO gegen Zahlung einer Geldbuße an eine örtliche Tierschutzorganisation ein.[57]

Im Juni 2015 zeigte PETA einen weiteren Putenmastbetrieb in Rot am See an – ein Betrieb, der sogar im Rahmen des agrarwissenschaftlichen Studiums von der Universität Hohenheim besucht wird. Von der Staatsanwaltschaft Ellwangen eingeschaltet, fertigte das Veterinäramt Schwäbisch Hall im Juli 2015 einen umfangreichen Kontrollvermerk an. Es wurden sofort Auflagenverfügungen erteilt, da die Tierverluste bei den Putenhähnen mit über zehn Prozent zu hoch lagen. Auch wurde verfügt, kranke und erheblich verletzte Tiere unverzüglich tierärztlich behandeln oder töten zu lassen.[58] Zudem dokumentierten die Schlachtprotokolle des Heidemark-Schlachthofes in Ahlhorn nicht unerhebliche Fußballenentzündungen. Dennoch stellte die Staatsanwaltschaft Ellwangen das Strafermittlungsverfahren ein. Das Verfahren geht in die Beschwerde bei der Generalstaatsanwaltschaft Stuttgart.[59]

Im Zuge der PETA-Ermittlungen gegen den Heidemark-Konzern im Jahr 2013 wurde auch Putenmäster Dirk B. aus Großenkneten angezeigt. Der von der Staatsanwaltschaft Oldenburg wegen Verstößen gegen das Tierschutzgesetz beantragte Strafbefehl gegen den Beschuldigten beim Amtsgericht Wildeshausen wurde im Juli 2015 rechtskräftig und Dirk B. zu 30 Tagessätzen à 40 Euro, zwei Jahren Bewährung und einer Geldauflage von 1.000 Euro verurteilt.[60]

2015 wurde auch der wichtigste Teil des von PETA aufgedeckten Wiesenhof-Skandals abgeschlossen. Sechs Jahre nach den Undercover-Ermittlungen auf einer Elterntierfarm in Twistringen[61] wurden Strafbefehle gegen vier Mitarbeiter rechtskräftig, die die Hühner u. a. „mit Gewalt in Transportkisten stopften, wodurch es zwangsläufig zu äußerst schmerzhaften Frakturen, Hämatomen und Quetschungen bei den Tieren kam, welche Sie in einer fremdes Leiden missachtenden Gesinnung wenigstens billigend in Kauf nahmen", wie es in den Strafbefehlen hieß. Die Geldstrafen betrugen je Verurteiltem zwischen 450 und 1.200 Euro.[62]

Wegen Verstoßes gegen das Tierschutzgesetz erstattete PETA im Oktober 2012 Strafanzeige gegen einen Putenmäster, der seine Tiere brutal mit einer Zange tötete und die teilweise noch lebenden Puten in einem Container entsorgte.[63] Die Vorwürfe wurden in einem umfangreichen Gutachten des Landesamtes für Verbraucherschutz und Lebensmittelsicherheit vom Juni 2013 bestätigt. Gegen Zahlung einer Geldbuße von 1.000 Euro wurde das Verfahren im November 2015 nach Anklageerhebung durch die Staatsanwaltschaft Oldenburg vom Amtsgericht Cloppenburg eingestellt.[64] Obwohl die Undercover-Ermittlungen von PETA die systemimmanente Tierquälerei in der Geflügelproduktion über alle Produzenten hinweg – auch im Bereich „Fairmast" – fast Jahr für Jahr dokumentierten, verweigert der Gesetzgeber durchgreifende gesetzliche Regelungen, wie der Tierschutzbericht der Bundesregierung[65] eindrücklich beweist. Die „verbindliche Freiwilligkeit" ist kein gesetzgeberisches Instrument, sondern ermöglicht es der milliardenschweren Branche, weiter systemimmanent Hühner zu quälen.

PETA als Tierrechtsorganisation betont ständig, dass es sich dabei nicht ausschließlich um „große Betriebe" handelt, sondern vielmehr um das gesamte System der Tierproduktion, eben auch um das der „kleinen Betriebe", des tierhaltenden Landwirts „von nebenan", aus der Region, wo jeder jeden kennt. Auch 2015 hat PETA wieder deutlich gemacht, dass das Hofladenidyll nicht nur trügt, sondern im System tierquälerisch ist. PETA-Ermittler deckten das alltägliche Grauen auch im „Legehennenbetrieb von nebenan" auf.[66] In einer bewegenden Reportage referierte ein Redakteur der Stuttgarter Zeitung diese Recherche, die er in Teilen selbst „im Feld" miterlebte.[67] Die Ermittler fanden bei einer dreimaligen Untersuchung der Legehennenhaltung über einen mehrmonatigen Zeitraum immer wieder tote Hühner, die teilweise mumifiziert neben den lebenden Artgenossen im Stall verrotteten. Zudem pickten sich die Tiere unter anderem aus Stress und Langweile gegenseitig die Federn aus, wie die teilweise ausgerissenen Schwanzfedern und kahlen Stellen im Gefieder zeigten. PETA erstattete Strafanzeige bei der Staatsanwaltschaft Stuttgart und informierte das zuständige Veterinäramt Ludwigsburg.[68] Dabei hat sich PETA auch gegen diese – im Ort zudem durch politische Aktivitäten bekannte – Persönlichkeit und seine öffentlichen Lügen durchgesetzt.[69]

Quellen:

[52] *PETA Deutschland e.V. (2015): Tierrechtsreport 2015. Recherchen, Tierquälereien und rechtliche Entwicklungen in Deutschland. Stuttgart: BoD.*

[53] *Statista (2016): Umsatz der führenden Anbieter von Geflügel in Deutschland in den Jahren 2012 und 2013. http://de.statista.com/statistik/daten/studie/ 165668/umfrage/groesste-anbieter-von-gefluegel-in-deutschland-seit-2008/ (07.04.2016).*

[54] *dpa (2015): Prozess eingestellt: Millionen-Geldauflage für Sprehe-Brüder. In: Neue Presse. http://www.neuepresse.de/Sport/Regional/Prozesseingestellt-Millionen-Geldauflage-fuer-Sprehe-Brueder (07.04.2016).*

[55] *http://www.soko-tierschutz.org/de/ ; http://www.animalequality.de/?gclid= CJ700Y7NsMsCFUk6gQod2pkNDg ; http://www.ariwa.org/ ; https://www.tierschutzbuero.de/ (07.04.2016).*

[56] *Amtsgericht Langenburg: Az. 1 Cs 24 9425/13.*

[57] *Landgericht Ellwangen: Az. 4 Ns 24 Js 9425/13.*

[58] *Landratsamt Schwäbisch Hall, Amt für Veterinärwesen und Verbraucherschutz (2015): Aktenvermerk vom 27.07.2015. Az. 30-9185.56.*

[59] *Staatsanwaltschaft Ellwangen: Bescheid vom 07.12.2015. Az. 33 Js 9208/15.*

[60] *Amtsgericht Wildeshausen/Staatsanwaltschaft Oldenburg: Az. NZS 1102 Js 31603/13.*

[61] *PETA Deutschland e.V.: Der Wiesenhof-Skandal 2010. http://www.peta.de/wiesenhof2010 (07.04.2016).*

[62] *Amtsgericht Syke: Rechtskraft der 4 Strafbefehle vom 01.04.2015. Az. CS 313 Js 3718/10.*

[63] *PETA Deutschland e.V.: Leid und Grauen in Friesoythe. http://www.peta.de/putenmast (07.04.2016).*

[64] *Amtsgericht Cloppenburg: Az. 18 Ds 240 Js 53825/12 (173/13).*

[65] *Bundesministerium für Ernährung und Landwirtschaft (2015): Tierschutzbericht der Bundesregierung 2015. https://www.bmel.de/DE/Tier/Tierschutz/ _texte/Tierschutzbericht.html (07.04.2016).*

[66] *PETA Deutschland e.V. (2015): Keine Idylle für Hühner: Eier vom Bauer nebenan. http://www.peta.de/Eier-vom-Bauern-nebenan (07.04.2016).*

[67] *Frank Buchmeier: Frische Eier aus Ekelhaltung in: Stuttgarter Zeitung vom 14.11.2015; http://www.peta.de/Eier-vom-Bauern-nebenan (07.04.2016).*

[68] *Staatsanwaltschaft Stuttgart. Az. 172 Js 116824/15.*

[69] *Landgericht Stuttgart: Urteil vom 16.02.2016. Az. 11 O 285/15. Anm.: PETA obsiegte vollständig, der Landwirt gab eine voll umfassende Unterlassungserklärung darüber ab, nicht mehr zu behaupten, PETA hätte die toten Hühner selbst in seinen Stall gebracht.*

EIERPRODUKTION

50 PROZENT LEBENSVERNICHTUNG

In Deutschland landen jedes Jahr knapp 50 Millionen männliche Küken nur wenige Stunden nach dem Schlupf auf dem Müll. Bei diesen Tieren handelt es sich um die Nachkömmlinge von „Legehennen". In der Geflügelindustrie erfolgt seit den fünfziger Jahren des letzten Jahrhunderts eine Spezialisierung der Zuchtlinien entweder auf Legeleistung oder Fleischansatz. Aufgrund der (extremen) Züchtung der Legelinie hin zu einer möglichst hohen Eiproduktion einerseits und der Züchtung der Mastlinie zu einem möglichst raschen Fleischansatz andererseits sind die sogenannten Eintagsküken wertlos für die Wirtschaft: Sie legen keine Eier und ihre Aufzucht würde dreimal so lange dauern wie die der turbogezüchteten „Masthähne".

Daher werden die Tiere binnen 60 Stunden nach dem Schlüpfen vergast oder landen lebendig im Schredder („Kükenmuser"). Die konkreten Voraussetzungen für die Tötung dieser Tiere finden sich in der Anlage 1 Nr. 4 und 7 zu § 12 Tierschutzschlachtverordnung.

Eine „Rasse" zu züchten, bei der die Hälfte aller Nachkommen systembedingt getötet wird, stellt einen eklatanten Verstoß gegen das Tierschutzgesetz dar. Nach § 17 Nr. 1 TierSchG ist es verboten, ein Wirbeltier ohne vernünftigen Grund zu töten. Laut Rechtsprechung ist ein Grund dann als „vernünftig" anzusehen, wenn er als triftig, einsichtig und von einem schutzwürdigen Interesse getragen anzuerkennen ist und unter den konkreten Umständen schwerer wiegt als das Interesse des Tieres an seiner Unversehrtheit und an seinem Wohlbefinden.[70]

Rein ökonomische Gründe wie die Unwirtschaftlichkeit der Aufzucht der Küken können keinen solchen vernünftigen Grund darstellen – darüber herrscht in der juristischen Literatur seit Jahren Einigkeit,[71] und auch in der Gesellschaft ist diese grausame Tötungspraxis der Eierindustrie mittlerweile verpönt. Schon seit etlichen Jahren bestehen ethische Bedenken gegenüber diesen Fließbandtötungen,[72] dennoch blieb diese grausame Praxis seit Jahren unbeanstandet und wurde seitens der Behörden und der Justiz schlichtweg geduldet.

Das Verwaltungsgericht Minden nahm bereits im Januar 2015 Stellung zu der Problematik.[73] Dabei ging es um die Rechtmäßigkeit eines behördlichen Verbots des Kükenschredderns vom Dezember 2013 im Hinblick auf den Eingriff in die Berufsfreiheit der Brütereibetreiber. Das Gericht war der Auffassung, dass die tierschutzrechtliche Generalklausel nach § 16a TierSchG keine Ermächtigungsgrundlage für ein solches Verbot darstellen könne; vielmehr bedürfe es einer Gesetzesänderung, die die Rechtswidrigkeit des Kükentötens klarstellt. Gegen diese Auffassung des Verwaltungsgerichts Minden spricht, dass der Erlass eines solchen Tötungsverbots durch die Behörde zu den herkömmlichen Aufgaben des Rechtsanwenders gehört, denn die Behörde hat das Gesetz zu interpretieren und dabei den unbestimmten, wertausfüllungsbedürftigen Begriff des „vernünftigen Grunds" zu konkretisieren.[74] Dieser Aufgabe ist die Verwaltungsbehörde durch den Erlass des Tötungsverbots ordnungsgemäß nachgekommen.[75]

Aufgrund des erheblichen öffentlichen Interesses an der Debatte meldete sich Bundeslandwirtschaftsminister Christian Schmidt (CSU) im Februar 2015 zu Wort und gab an, noch bis Ostern 2015 einen Aktionsplan vorzulegen, wodurch das Kükentöten alsbald gestoppt werden sollte. Wenige Monate darauf äußerte sich der Minister jedoch dahingehend, dass er keine Gesetzesänderung plane, sondern lediglich auf ein rasches Voranschreiten der Entwicklung der In-Ovo-Geschlechtererkennung[76] poche, das ein explizites Verbot des Schredderns obsolet machen würde.

Im Frühjahr 2015 erstattete PETA wegen des Verdachts des Verstoßes gegen § 17 Nr. 1 des Tierschutzgesetzes Strafanzeige gegen alle Kükenbrütereien Deutschlands.[77]

Ein historischer Durchbruch in der Debatte gelang im Herbst 2015: Einer der von PETA angezeigten Fälle wurde am 06.11.2015 von der Staatsanwaltschaft Münster zur Anklage vor das Landgericht Münster gebracht.[78] Dabei handelte es sich um eine Brüterei in Senden im Münsterland. Gegen den Betreiber der Brüterei wurde ein früheres Ermittlungsverfahren im Jahr 2013 seitens der Staatsanwaltschaft wegen eines Verbotsirrtums eingestellt,[79] sprich: Der Beschuldigte wusste zum damaligen Zeitpunkt nicht, dass sein Handeln strafbar ist. Nun – Jahre später – wird sich der Betreiber nicht mehr auf einen solchen Irrtum berufen können.

Oberstaatsanwalt Heribert Beck, Pressesprecher der Staatsanwaltschaft Münster, ließ verlauten, die Behörde sei von der Strafbarkeit des Verhaltens überzeugt und darüber hinaus willens, die Klage – wenn nötig – „bis zum Bundesgerichtshof zu tragen".[80]

Quellen:

[70] *Lorz/Metzger (2008): Kommentar zum TierSchG. 6. Auflage. § 1 Rn. 62. München.*

[71] *Ort, Jost-Dietrich (2010): Zur Tötung unerwünschter neonater und juveniler Tiere. NuR, 32: 853-861.*

[72] *Köpernik, Kristin (2014): Das Töten der Eintagsküken auf dem Prüfstand. AUR, 08: 290-293.*

[73] *Verwaltungsgericht Minden: Urteil vom 30.01.2015. Az. 2 K 83/14.*

[74] *Hager, Günter (2016): Die tierschutzrechtliche Generalklausel als Ermächtigungsgrundlage für ein Tötungsverbot. NuR, 38: 108-111.*

[75] *Anmerkung: Gegen das Urteil hat das Land Nordrhein-Westfalen Berufung eingelegt, über die im Mai 2016 vor dem Oberverwaltungsgericht von Nordrhein-Westfalen verhandelt werden wird.*

[76] *Anmerkung: Durch diese Methode soll es ermöglicht werden, das Geschlecht des Tieres mittels Infrarottechnologie im befruchteten Ei festzustellen. So sollen nur die weiblichen Küken ausgebrütet und aufgezogen werden können.*

[77] *Staatsanwaltschaft Ravensburg: Az. 26 UJs 1401/15; Staatsanwaltschaft Landshut: Az. 206 Js 12079/15; Staatsanwaltschaft Darmstadt: Az. 500 UJs 106323/15; Staatsanwaltschaft Oldenburg: Az. NZS 1102 Js 41143/15, NZW 1102 Js 25047/15, NZS 1102 Js 25049/15; Staatsanwaltschaft Stade: Az. NZS 152 Js 8979/15, NZW 1102 Js 28724/15; Staatsanwaltschaft Lüneburg: Az. NZS 3105 Js 12860/15; Staatsanwaltschaft Paderborn: Az. 20 Js 90/15, 20 Js 91/15, 20 Js 92/15; Staatsanwaltschaft Bielefeld: Az. 756 Js 283/15, 756 Js 294/15, 756 Js 297/15, 756 Js 282 15A, 756 Js 296/15.*

[78] *Staatsanwaltschaft Münster: Az. 540 Js 290/15; Landgericht Münster: Az. 2 KLs 7/15.*

[79] *Staatsanwaltschaft Münster: Az. 540 Js 2102/12.*

[80] *Anmerkung: Mit Beschluss vom 7. März 2016 lehnte das Landgericht Münster die Eröffnung des Hauptverfahrens ab. Die Staatsanwaltschaft Münster teilte mit, mit dem Rechtsmittel der sofortigen Beschwerde beim Oberlandesgericht Hamm gegen diese Entscheidung vorzugehen.*

SCHWEINEPRODUKTION

STÄNDIGE RECHTSBRÜCHE IN MAST UND FERKELAUFZUCHT

2014 deckten PETA-Ermittler die alltäglichen Verstöße in einer Ferkelaufzuchtanlage im Kreis Lippe auf.[81] Die Staatsanwaltschaft Detmold bezog das Veterinäramt des Kreises Lippe ein, das im Januar 2015 anlässlich einer unangekündigten Kontrolle aufgrund der PETA-Videodokumentation einen umfangreichen Bericht zu den Vorgängen im Betrieb vorlegte. Im Bericht war unter Einbeziehung der PETA-Aufnahmen von einer „unzureichenden Ausgestaltung dieser ‚Krankenbucht'", vom Fehlen „trockener und weicher Einstreu", „fehlender Separierung (eines Schweines) mit Hinterhandschwäche, mit der hochgradigen Lahmheit in beiden Hintergliedmaßen", „vorübergehender Kadaverlagerung auf der Stallgasse", „kein Beschäftigungsmaterial" und „die Lagerung der Medikamente ist sowohl aus hygienischen als auch pharmakologischen Gründen (Wirksamkeit) zu beanstanden" die Rede. Der diesbezügliche Bußgeldbescheid aus 2015 gegen den Betriebsleiter wurde rechtskräftig.[82]

Im Februar 2015 erstattete PETA aufgrund einer Undercover-Ermittlung in einer Muttersauenanlage in Bad Boll Strafanzeige gegen einen Landwirt.[83] Die Anlage liegt quasi in der Nachbarschaft der Evangelischen Akademie Bad Boll, in der regelmäßig Tierschutzkonferenzen stattfinden. Angezeigt wurden Verstöße gegen die Tierschutznutztierhaltungsverordnung und das Tierschutzgesetz. Es wurden tote Ferkel, teils mit Nabelbrüchen, nicht ausreichend bemessene Kastenstände, Tiere im Hundesitz, Schwanzbeißen, andere Verletzungen, Abszesse, ausgerissene Ohrmarken u. a. dokumentiert. Die Staatsanwaltschaft Ulm kümmerte sich nicht um diese schwerwiegenden Vorgänge, sondern gab das Verfahren gleich an den Landkreis Göppingen ab. Dieser erließ gegenüber dem Betriebsinhaber einen Bußgeldbescheid über 250 Euro, der rechtskräftig wurde.[84,85]

Im August 2015 teilte die Staatsanwaltschaft Oldenburg mit, dass sie gegen die Schweinemäster Rainer und Joseph Paul K. rechtskräftige Verurteilungen erwirkt hat; gegen Rainer K. eine Geldstrafe von 40 Tagessätzen zu je 25 Euro und gegen Joseph Paul K. eine solche von 120 Tagessätzen zu je 25 Euro.[86] Zudem wurde ein Tierhaltungsverbot verhängt. Die Verurteilung beruhte auf einer Strafanzeige von PETA aus März 2013. PETA-Undercover-Ermittler dokumentierten erschreckende Missstände im Betrieb der Landwirte (zu hohe Ammoniakwerte, Darmvorfälle, verletzte Schweine, extrem unhygienische Zustände, Kannibalismus, kein ausreichendes Trinkwasser).[87] Die Kreiszeitung betitelte den Artikel über die Verurteilung zu Recht mit: „Kannibalismus im Schweinestall".[88]

Nachdem die Straathof-Gruppe mit ihren Schweinehaltungsanlagen insbesondere 2014 wiederholt im Blickpunkt der Öffentlichkeit stand und es zu einem vorübergehenden Tierhaltungsverbot kam,[89] konnten 2015 erneut schwerwiegende Tierschutzverstöße in mehreren Betrieben dieses holländischen Agrarindustriellen nachgewiesen werden.[90] In der Schweinezuchtanlage Alt Tellin (Mecklenburg-Vorpommern) und den Schweinemastbetrieben Badingen-Osterne (Brandenburg) sowie Drebkau (Brandenburg) wurden nebst den üblichen engen Kastenständen offene Verletzungen, Nabelbrüche, angebissene Ohren, massenweise Maden und unhygienische Zustände dokumentiert.

Quellen:
[81] *PETA Deutschland e.V. (2015): Tierrechtsreport 2015. Recherchen, Tierquälereien und rechtliche Entwicklungen in Deutschland. Stuttgart: BoD.*
[82] *Kreis Lippe, Veterinärangelegenheiten, Lebensmittelüberwachung: Fachgebiet 390. Kontrollbericht vom 14.01.2015. Az. 390.V.02.04.03; Staatsanwaltschaft Detmold, Az. 22 Js 789/14.*
[83] *PETA Deutschland e.V. (2015): Pressemeldung: Enge, Schmerzen und Kannibalismus im Schweinezuchtbetrieb – Landwirt aus Bad Boll muss Bußgeld zahlen. 30.07.2015. Stuttgart. http://www.peta.de/enge-schmerzen-und-kannibalismus-im-schweinezuchtbetrieb-landwirt-aus-bad (07.04.2016).*
[84] *Staatsanwaltschaft Ulm: Az. 2 Js 3783/15 – 15 Zs 95/16; Generalstaatsanwaltschaft Stuttgart: DiB 8/15. Leitender Oberstaatsanwalt der Staatsanwaltschaft Ulm / Landkreis Göppingen: Az. 505.70.002705.2.*
[85] *Im März 2016 wurde erneut Strafanzeige gegen denselben Betrieb wegen weiterer tierschutzrechtlicher Vergehen bei der Generalstaatsanwaltschaft Stuttgart erstattet.*
[86] *Staatsanwaltschaft Oldenburg: Schreiben vom 26.08.2015. Az. NZS 1102 Js 17587/13 VRs.*
[87] *PETA Deutschland e.V. (2013): Horror in der Schweinemast. Recherche in einem Schweinemastbetrieb in Cappeln. http://www.peta.de/Schweinemast (07.04.2016).*

[88] *Kreiszeitung (2015): Landwirt wegen Misshandlung verurteilt. Kannibalismus im Schweinestall.* http://www.kreiszeitung.de/lokales/oldenburg/oldenburg-ort29216/landwirt-wegen-misshandlung-verurteilt-5863087.html *(07.04.2016).*

[89] *PETA Deutschland e.V. (2015): Tierrechtsreport 2015. Recherchen, Tierquälereien und rechtliche Entwicklungen in Deutschland. Stuttgart: BoD.*

[90] *Animals Rights Watch (2015): Neue Aufnahmen aus Straathof-Imperium – der normale Wahnsinn in der Schweineproduktion.* http://www.ariwa.org/aktivitaeten/aufgedeckt/recherchearchiv/961-neues-material-aus-straahof-imperium.html *(07.04.2016).*

RINDER UND MILCHPRODUKTION

STÄNDIGE MISSSTÄNDE

Im Jahr 2015 ist die jahrzehntelang existierende Milchquotenregelung aufgehoben worden. Den milchproduzierenden Betrieben wurden feste Abnahmequoten von Milch garantiert, auch waren die Quoten teilweise handelbar. 2015 war ebenso durch das Russlandembargo gegenüber deutschen Landwirtschaftsprodukten geprägt. Die Exportorientierung, die durch den Deutschen Bauernverband (DBV) vertreten und vorangetrieben wird, bleibt umstritten und stößt mehr und mehr auf Kritik:

„Es sind Zahlen, die bei Landwirten wenig Begeisterung auslösen dürften: Fast jeder zweite Bundesbürger bezweifelt, dass es Kühen in modernen Milchviehbetrieben gut geht, so das Ergebnis einer repräsentativen Emnid-Umfrage. Auch dem Bestreben, mehr Milch zu produzieren, stehen die Verbraucher kritisch gegenüber."[91]

Die negativen Auswirkungen dieser industriellen Milchpolitik auf die Tiere selbst sind sehr negativ.[92] Der Trend hin zu noch mehr Leistung auf Kosten der Gesundheit der Tiere wird forciert, die Milchkuh wird quasi zur „Wegwerfware", wie schon die meisten anderen Tiere in der sogenannten Nutztierhaltung. 2015 erschien hierzu das Buch *Die Wegwerfkuh: Wie unsere Landwirtschaft Tiere verheizt, Bauern ruiniert, Ressourcen verschwendet und was wir dagegen tun können.*[93] Das Buch dokumentiert u. a. auch, dass die männlichen Tiere – wie schon in der Eierproduktion – vielfach keinen „wirtschaftlichen Nutzen" mehr haben und deshalb getötet werden – meist auf gesetzeswidrige und tierquälerische Art und Weise.

Im Herbst 2015 veröffentlichte PETA USA eine Dokumentation über die „ganz normale" Milchkuhhaltung, die in Deutschland in fast identischer Form betrieben wird.[94] Wegen ähnlicher Feststellungen in bundesdeutschen Betrieben durch PETA-Undercover-Ermittler hat PETA im November 2015 gegen drei große Milchbetriebe in Brandenburg Anzeigen bei den zuständigen Veterinärämtern erstattet. Die Videoaufnahmen zeigen verdreckte Liege- und Laufflächen mit Rutschgefahren, Durchfälle von Kälbern und Abschürfungen im Bereich der Sprunggelenke.[95]

Während sich diese Erkenntnisse auf die großen Milchbetriebe in Boxenlaufstallhaltung beziehen, sind viele „Milchkühe" in kleineren Betrieben nach wie vor und großteils ganzjährig in Anbindehaltung untergebracht. Diese tierquälerische Haltungsmethode, die sich vor allem in Bayern, Baden-Württemberg oder auch Hessen befindet, ist nach wie vor erlaubt. Im November 2015 startete das Land Hessen einen Vorstoß im Bundesrat, um diese Form der Tierhaltung zur Abstellung zu bringen.[96]

Quellen:

[91] *DER SPIEGEL (2015): Wirtschaft investigativ: Deutsche misstrauen Milchbauern. 49/2015, S. 85.*

[92] *PETA Deutschland e.V.: Kuhmilch – grausam und unnatürlich. http://www.peta.de/milch-hintergrund (07.04.2016).*

[93] *Busse, Tanja (2015): Die Wegwerfkuh: Wie unsere Landwirtschaft Tiere verheizt, Bauern ruiniert, Ressourcen verschwendet und was wir dagegen tun können. Hamburg: Blessing Verlag.*

[94] *PETA Deutschland e.V. (2015): Milch-Recherche aus den USA zeigt Qual für Kühe und Kälber. http://www.veganblog.de/2015/10/milch-recherche-aus-den-usa-zeigt-qual-fuer-kuehe-und-kaelber/ (07.04.2016).*

[95] *Anzeigen vom 11. November 2015 an die Veterinärämter der Landkreise Elbe-Elster und Oberspreewald-Oberlausitz*

[96] *Hessisches Ministerium für Umwelt, Klimaschutz, Landwirtschaft und Verbraucherschutz (2015): Pressemeldung: Moderne und tiergerechte Haltungsstandards für eine moderne und tiergerechte Landwirtschaft. 14.11.2015. Wiesbaden. https://umweltministerium.hessen.de/presse/pressemitteilung/moderne-und-tiergerechte-haltungsstandards-fuer-eine-moderne-und (07.04.2016).*

ANGELN ALS FREIZEITSPASS

RECHTSBRÜCHE UND VERTEIDIGUNGS-STRATEGIEN DER BEHÖRDEN

Angeln fügt Fischen erhebliche anhaltende Schmerzen und Leiden zu und verwirklicht damit die Straftatbestände der §§ 17 Nr. 1 TierSchG (Verbot der Tiertötung ohne vernünftigen Grund) sowie 17 Nr. 2b TierSchG (Verbot, Tieren länger andauernde, erhebliche Schmerzen oder Leiden zuzufügen).[97] Einem vernünftigen Grund können die mit dem Angeln verbundenen Schmerzen, Leiden und Schäden (einschließlich Tod) nur entsprechen, wenn es um das erstmalige Habhaftwerden eines Fisches für Nahrungszwecke des Menschen geht.[98] Vor diesem Hintergrund erstattet PETA regelmäßig Strafanzeige gegen Angler, die an Wettangelveranstaltungen beteiligt sind oder Catch & Release (Angeln & Freilassen) praktizieren. Auch im Jahr 2015 erreichte die Tierrechtsorganisation damit die Verhängung einer Geldbuße. Das Verfahren wegen des Praktizierens von Catch & Release stellte die Staatsanwaltschaft Schwerin gegen den Betreiber einer Angelschule in Hamburg gegen Zahlung eines Bußgeldes in Höhe von 500 Euro ein.[99]

Obgleich in den vergangenen Jahren zahlreiche Staatsanwaltschaften Wettangelveranstaltungen sowie das Praktizieren von Catch & Release als strafbare Handlung eingestuft haben,[100] werden derartige Verstöße gegen das Tierschutzgesetz teilweise noch immer von den Behörden toleriert. So bestätigte die Staatsanwaltschaft Würzburg im Jahr 2015 – nachdem sie das Strafverfahren zunächst wegen vermeintlich mangelnden Tatverdachts eingestellt hatte und PETA hiergegen Beschwerde bei der Generalstaatsanwaltschaft Bamberg einlegte – zwar den grundsätzlichen Verstoß gegen § 17 Nr. 1 TierSchG beim sogenannten Unterfränkischen Königsfischen. Das Verfahren wurde jedoch wegen geringer Schuld eingestellt. Die StA Würzburg begründete die Geringfügigkeit der Schuld damit, „dass in der Vergangenheit das sog. Königsfischen/Gemeinschaftsfischen weit verbreitet war und ist und unter Berücksichtigung der Tatsache, dass die grundsätzlich genehmigungsfreie Veranstaltung von den Behörden auch nicht untersagt wurde."[101]

Ebenso stellte die Staatsanwaltschaft Schweinfurt das strafrechtliche Ermittlungsverfahren gegen die Verantwortlichen und die Teil-

nehmer einer Pokalangelveranstaltung in Mellrichstadt zunächst
ein. Dies begründete sie damit, die Beschuldigten hätten sich im
Rahmen der polizeilichen Vernehmung dahingehend eingelassen,
die Angelveranstaltung habe der Gewässerhege gedient. Hiergegen legte PETA zunächst bei der Generalstaatsanwaltschaft Bamberg und – nachdem diese die ursprüngliche Entscheidung der
StA Schweinfurt (und deren Begründung) bestätigte und hierzu
u. a. auf Regelungen in der Ausführungsverordnung zum bayerischen Fischereigesetz verwies – weitere Beschwerde beim bayerischen Justizministerium ein. Diese weitere Beschwerde wendete
sich gegen rechtsfehlerhafte Bewertungen der Staatsanwaltschaft
Schweinfurt und der Generalstaatsanwaltschaft Bamberg und
zeigte detailliert auf, dass sämtliche vorgebrachten Gründe keinen
„vernünftigen Grund" im Sinne von § 17 Nr. 1 TierSchG darstellen.
Daraufhin ordnete der bayerische Justizminister die Wiederaufnahme des Verfahrens und weitere Ermittlungen an.[102] Mit Verfügung vom 2. September 2015 wurde das Verfahren schließlich
mangels hinreichenden Tatverdachts von der Staatsanwaltschaft
Schweinfurt eingestellt.[103]

Quellen:
[97] *OVG Bremen (1999): NuR, 227, 228; OLG Celle (1993): NStZ, 291;*
    AG Hamm (1988): NStZ, 466; StA Bückeburg: Az. 3 Js 3376/90.
[98] *Hirt/Maisack/Moritz (2016): Kommentar zum Tierschutzgesetz.*
    3. Aufl. § 17 Rn. 42; vgl. BVerwG NuR 2001, 454, 455.
[99] *Staatsanwaltschaft Schwerin: Verfügung vom 26.10.2015: Az. 136 Js 14853/15.*
[100] *Staatsanwaltschaft Stendal: Verfügung vom 09.10.2014: Az. 444 Js 731/14.*
    Staatsanwaltschaft Münster: Verfügung vom 19.03.2014: Az. 540 Js 1433/13.
    Staatsanwaltschaft Verden (Aller): Verfügung vom 09.09.2014: Az. NZS 932
    Js 39226/14. Staatsanwaltschaft Hechingen: Verfügung vom 07.02.2014: Az.
    23 Js 4408/13. Staatsanwaltschaft Münster: Verfügung vom 21.10.2014: Az.
    540 Js 1431/14. Verfügung der Staatsanwaltschaft Aschaffenburg: Az. 102 Js
    11194/13. Staatsanwaltschaft Schwerin: Verfügung vom 26.10.2015: Az. 136
    Js 14853/15.
[101] *Staatsanwaltschaft Würzburg: Verfügung vom 13.07.2015: Az. 612 Js*
    12165/14.
[102] *Bayerisches Justizministerium: Mitteilung vom 26.09.2014*
    (E 3 140 E – II – 2430/201). Staatsanwaltschaft Schweinfurt: Mitteilung
    vom 02.01.2015: Az. 7 Js 10507.
[103] *Staatsanwaltschaft Schweinfurt: Verfügung vom 02.09.2015: Az. 7 Js 10507/13.*

WIRBELLOSE

VOM TIERSCHUTZGESETZ FAST RECHTLOS GESTELLT

Tierrechtsorganisationen wie PETA legen Wert auf die Feststellung, dass die Tierrechte nicht – wie in den allgemeinen gesetzlichen Bestimmungen vorgegeben – an der Schwelle von Wirbeltieren zu Wirbellosen enden, sondern dass sie vielmehr umfassend sind und sich auf alle Lebewesen beziehen, denn auch Wirbellose empfinden Leiden und Schmerzen.[104] Die bekanntesten unter den Wirbellosen sind Hummer, die zum einen in der Haltung bei z. B. METRO[105] sowie durch das Töten in kochend heißem Wasser in den Restaurants extrem gequält werden. 2015 fand eine wissenschaftliche Untersuchung zur Tötung von Hummern statt. Die Bundesanstalt für Landwirtschaft und Ernährung beauftragte das Alfred-Wegener-Institut für Polar- und Meeresforschung mit den „Vergleichenden Untersuchungen zur tiergerechten Betäubung oder Tötung von Krustentieren" – ohne Ergebnis. Alternative Tötungsmethoden, die für die Hummer und Flusskrebse stressfrei wären, könnten nicht empfohlen werden, denn sowohl bei der Kohlendioxideinleitung in das Hälterungswasser als auch bei der Elektrobetäubung seien Stressfaktoren feststellbar. Aber auch bei der derzeitigen Tötungsmethode im kochenden Wasser: „Im Allgemeinen führte die Gabe der Versuchstiere in kochendes Wasser bei kleinen Tieren nach wenigen Sekunden und bei großen Hummern nach ein bis zwei Minuten zur Auslöschung aller elektrophysiologischen Signale. In den ersten 20 Sekunden war bei den Hummern eine starke neuronale Aktivität zu verzeichnen, die sich auch nicht durch die untersuchten Betäubungsverfahren unterdrücken liess [sic!]."[106]

Da die Tötung von Hummern, deren Leidens- und Schmerzfähigkeit eindeutig festgestellt wurde, im kochenden Wasser nicht leidfrei erfolgt, dürfte auch diese Methode nicht mehr angewandt werden, zumal die Tötung durch Köche oder Restaurantbesitzer vollzogen wird und nicht von – wie durch die Tierschutzschlachtverordnung für Wirbeltiere vorgeschrieben – sachkundig Geschulten.

Doch auch für andere Wirbellose war 2015 ein zweifelhaftes Jahr. „Made in Brandenburg", „Maden zu Speck", „Das große Krabbeln" oder „Käfer mit Ketchup" waren nur einige gewöhnungsbedürftige Headlines für einen neuen Trend in der Gastronomie: die Zubereitung von Insekten, Maden, Krabbeltieren. Während wirbellose Tiere schon in der Tiernahrung eingesetzt werden, soll der Sprung auf den Teller der Menschen vollzogen werden. Resultierend aus einer mehr und mehr sich auch statistisch widerspiegelnden Abkehr von Fleischgerichten der „normalen" Wirbeltiere, der sogenannten Nutztiere, sieht die Industrie im Ausweichen auf Wirbellose einen Ausweg aus dem ethischen Dilemma. Tierrechtsorganisationen wie PETA erteilen dieser Entwicklung eine klare Absage: „Auch Wirbellose fühlen Leid".[107]

Quellen:

[104] *PETA Deutschland e.V. (2015): Tierrechtsreport 2015. Recherchen, Tierquälereien und rechtliche Entwicklungen in Deutschland. Stuttgart: BoD.*

[105] *PETA Deutschland e.V. (2013): So qualvoll leiden Hummer bei METRO! http://www.peta.de/metrohummer (07.04.2016).*

[106] *Bundesanstalt für Landwirtschaft und Ernährung: Vergleichende Untersuchungen zur tiergerechten Betäubung und Tötung von Krustentieren, 1.10.2012-28.2.2015, Helmholtz-Zentrum für Polar- und Meeresforschung Bremerhaven, Förderkennzeichen: 2812HS009*

[107] *Schellen, Petra (2015): Interview: Auch Wirbellose fühlen Leid. PETA-Sprecher Edmund Haferbeck kritisiert, dass wirbellose Tiere gesetzlich schwächer geschützt sind als Wirbeltiere. Den Verzehr lehnt er grundsätzlich ab. In: taz Nord. http://www.taz.de/!5228455/ (08.04.2016).*

TIERVERSUCHE

DIE US-GESUNDHEITSBEHÖRDE GIBT AUF

AUSWIRKUNGEN AUF DEUTSCHLAND

Nach einer langjährigen Kampagne von PETA USA und der Unterstützung durch PETA Deutschland und anderen Tierrechtsgruppen kündigten die US-amerikanischen Gesundheitsinstitute National Institutes of Health (NIH) im November 2015 an, alle bundeseigenen Schimpansen in den Ruhestand zu schicken. 360 Schimpansen wurden dort für Experimente in Laboren gefangen gehalten. Zunächst sollten 50 Tiere für mögliche künftige Versuche einbehalten werden, dies wurde aber kurze Zeit später von Francis Collin, Direktor der NIH, revidiert. Collin gab an, dass kein weiteres Interesse an Experimenten mit Schimpansen bestehe und sie davon absehen, einige der Menschenaffen zu behalten.

Nur wenige Wochen später verkündeten die NIH, auch die psychologischen Experimente an Affenbabys zu beenden. PETA USA veröffentlichte bereits 2014 brisantes Bild- und Videomaterial, das zeigt, wie Affenbabys für psychologische Experimente in Laboren der NIH missbraucht werden. Die Tiere wurden gezielt mit der genetischen Veranlagung für psychische Störungen gezüchtet. Die Hälfte der Neugeborenen wurde ihren Müttern nach der Geburt entrissen. Einige der Affenbabys erhielten „Ersatzmütter" aus Draht und Holz oder eine Wärmflasche mit Frotteebezug.

Auch deutsche Wissenschaftler waren an den Gräueltaten beteiligt. Laut einem Bericht aus dem Jahr 2013 sind Professor Klaus-Peter Lesch, Lehrstuhlinhaber für molekulare Psychiatrie an der Universität Würzburg, und Professor Andreas Reif, stellvertretender Direktor der Klinik für Psychiatrie, Psychosomatik und Psychotherapie der Universität Würzburg, mit an dem NIH-Projekt beteiligt gewesen.

2011 waren Lesch und Reif Mitverfasser einer Studie über Experimente der NIH, in denen neugeborene Makaken direkt nach der Geburt von ihrer Mutter getrennt wurden. Das Experiment sollte ermitteln, inwiefern Stress in einem frühen Lebensabschnitt mit den Genen interagiert und damit die Entwicklung nachteilig beeinflusst.[108]

Nachdem PETA Deutschland die psychologischen Experimente an den Affenbabys im Frühjahr 2015 öffentlich machte, richtete die SPD in Bayern eine schriftliche Anfrage an die Universität in Würzburg und an das Kultusministerium in Bayern, worin sie umfassende Auskünfte über deren Beteiligung an dem Forschungsprojekt, die Sinnhaftigkeit der Versuche, Experimente an Primaten in Bayern allgemein, die Verwendung von Steuergeldern für diese sinnlosen Versuche und vieles mehr verlangte. In einer ausführlichen Antwort musste das Ministerium viele der Öffentlichkeit bisher verborgen gebliebenen Informationen offenlegen. Die Kooperation mit den NIH wurde eindeutig bestätigt. Zudem geht aus dem Schreiben hervor, dass von 2009 bis 2013 allein in Bayern insgesamt 178 Affen für Versuchszwecke missbraucht und in diesem Zeitraum mehr als 26.000 Euro für den Einkauf dieser Tiere verschwendet wurden. Die Universität gab sogar zu, dass eine Übertragbarkeit der Forschungsergebnisse aus diesen Tierversuchen auf den Menschen nicht garantiert werden kann.[109]

Mit dem Ende der grausamen Experimente der NIH in den USA dürfte auch die Kooperation mit der Universität Würzburg und den damit verbundenen Versuchen der Vergangenheit angehören.

Quellen:
[108] *PETA Deutschland e.V. (2015): Tierrechtsreport 2015. Recherchen, Tierquälereien und rechtliche Entwicklungen in Deutschland. Stuttgart: BoD.*
[109] *Bayerischer Landtag (2015): Schriftliche Anfrage des Abgeordneten Herbert Woerlein, Susann Biedefeld SPD vom 06.10.2014.*
https://www.bayern.landtag.de/www/ElanTextAblage_WP17/Drucksachen/ Schriftliche%20Anfragen/17_0005317.pdf (09.03.2016).

PETAS INTERNATIONALES WISSENSCHAFTSKONSORTIUM

VERHANDLUNGEN AUF HÖCHSTER EBENE

Das Wissenschaftskonsortium

Im Jahr 2011 wurden allein in der EU etwa 11,5 Millionen Tiere für experimentelle oder andere wissenschaftliche Zwecke eingesetzt. Über eine Million dieser Tiere wurden für toxikologische und Sicherheitstests verwendet,[110] die regulierende Behörden auf Grundlage rechtlicher Vorschriften verlangen. Dies ist eine Voraussetzung dafür, dass bestimmte Produkte wie Industriechemikalien und Arzneimittel an den Markt kommen können.

Es gibt zuverlässige tierfreie Methoden, z. B. Methoden mit menschlichen Zellen und Geweben (In-vitro-Methoden) und computerbasierte Verfahren, die statt Tierversuchen eingesetzt werden können. Diese Methoden werden jedoch nicht immer von der Industrie genutzt oder von regulierenden Behörden akzeptiert. Daher muss mehr getan werden, um die Anwendung bestehender tierfreier Verfahren zu fördern, neue tierfreie Methoden zu entwickeln, zu validieren und schließlich sicherzustellen, dass regulierende Behörden sie anerkennen.

PETAs internationales Wissenschaftskonsortium (im Folgenden „das Wissenschaftskonsortium") wurde 2012 gegründet, um tierfreie Forschungsmethoden zu fördern und die wissenschaftliche und regulatorische Expertise der PETA-Schwesterorganisationen, einschließlich PETA Deutschland, zu koordinieren. Das Wissenschaftskonsortium investiert aktiv in die Forschung und Validierung tierfreier Methoden, vermittelt Wissenschaftlern und der Öffentlichkeit neues Wissen und Fähigkeiten und arbeitet für die weltweite Vereinheitlichung von Testanforderungen der Behörden.

In der EU setzt sich das Wissenschaftskonsortium vor allem für die Reduktion der Tierversuche für das europäische Chemikalientestprogramm, die EU-Verordnung für die Registrierung, Bewertung, Zulassung und Beschränkung von Chemikalien (REACH), ein. Hierbei handelt es sich um das größte Tierversuchsprogramm der Geschichte. Berichte zeigen, dass bereits bis 2014 etwa 800.000 Tiere für REACH in Versuchen eingesetzt wurden und dass in den nächsten Jahren Millionen weitere folgen.[111]

Unsere Wissenschaftler haben ein breites Spektrum an Fachwissen und vielfältige Hintergründe, u. a. in Zell- und Molekularbiologie, Genetik, Pharmakologie, Biomedizin, Toxikologie, Ökotoxikologie, Gesundheitswesen, Umweltwissenschaften, Zoologie und Nanotoxikologie. Sie halten sich hinsichtlich der neuesten Entwicklungen in tierfreien Methoden und regulatorischen Testanforderungen auf dem Laufenden, indem sie Konferenzen, Webinare (d. h., Onlineseminare) und andere Weiterbildungskurse besuchen. Zum Beispiel wurden die Wissenschaftler des Wissenschaftskonsortiums im Jahr 2015 bei einem Besuch beim Institute for In Vitro Sciences (IIVS) in den Vereinigten Staaten in tierfreien Methoden ausgebildet. IIVS ist ein nicht gewerbsmäßiges Forschungs- und Testlabor mit langer Erfahrung in der Ausbildung und mit den an der Regulatorik beteiligten Interessensgruppen, das sich für die Förderung tierfreier Testmethoden einsetzt.

Bei einem weiteren Trainingskurs konnten praktische Erfahrungen mit tierfreien Methoden einschließlich der Verwendung rekonstruierter menschlicher Haut für Hautreizungs- und Verätzungstests gesammelt werden. Diese ersetzt Versuche, bei denen Chemikalien auf die empfindliche Haut von Kaninchen aufgetragen werden, um den verursachten Schaden zu untersuchen.

Forschung und Validierung finanzieren

Wenn vielversprechende In-vitro-Methoden weiterer Entwicklung oder Validierung bedürfen, um von regulierenden Behörden anerkannt zu werden, stellen Mitglieder des Wissenschaftskonsortiums Fördermittel bereit. In den vergangenen Jahren hat PETA Deutschland 75.000 Euro in wissenschaftliche Forschung investiert. Das Wissenschaftskonsortium und seine Mitglieder haben bisher insgesamt vier Millionen US-Dollar (inkl. Sachleistungen) zur Verbesserung und Anwendung tierfreier Methoden, für Simulatoren als Ersatz für Tiere in wissenschaftlicher Bildung und medizinischer Ausbildung sowie für die Ausbildung von Wissenschaftlern in deren Benutzung beigetragen. Beispielsweise hat sich das Wissenschaftskonsortium mit der MatTek Corporation zusammengetan – einer Firma, die dreidimensionale Gewebe aus menschlichen Zellen wie Haut-, Augen- und Darmmodellen herstellt. MatTek-Gewebe wurden ausgewählten Forschern kostenlos oder zu herabgesetzten Preisen zur Verfügung gestellt, nachdem die Forscher einen Vorschlag eingereicht hatten, wie sie die MatTek-Gewebe in ihrer Arbeit einsetzen würden, um Tierversuche zu reduzieren.

In einer anderen Initiative, die 2015 begann, hat das Wissenschaftskonsortium einen Preis für die Entwicklung von Adverse Outcome Pathways (AOP) ausgeschrieben. Ein AOP beschreibt eine Abfolge kausal verbundener Ereignisse auf verschiedenen Ebenen der biologischen Organisation (z. B. Zelle, Organ, Individuum, Population), die zu einem schädlichen Effekt auf die Gesundheit oder die Umwelt führt, wie Hautreizung, verringerte Fruchtbarkeit oder Tod.

Eine AOP-Datenbank wurde gemeinsam von der OECD, der Gemeinsamen Forschungsstelle der Europäischen Kommission (JRC) und der US-amerikanischen Umweltschutzbehörde (EPA) geschaffen, um eine interaktive virtuelle Plattform für die Entwicklung von AOPs bereitzustellen und internationalen Konsens über die AOPs zu fördern. In der Zusammenarbeit mit den Entwicklern dieser Datenbank ermutigt das Wissenschaftskonsortium Forscher, erstmals Informationen zur AOP-Datenbank beizutragen.

Außerdem hat das Wissenschaftskonsortium im Jahr 2015 an der EPA ein Seminar für Experten von der Regierung, der Industrie, der Wissenschaft und Nichtregierungsorganisationen zum Thema der Entwicklung eines tierfreien Tests zur Vorhersage der Inhalationstoxizität von Nanomaterialien abgehalten. Das Wissenschaftskonsortium fördert mehrere Forschungsgruppen mit insgesamt 200.000 Dollar, die gemeinsam eine solche Testmethode und ein dazu benötigtes dreidimensionales Lungengewebemodell entwickeln.

Öffentlichkeitsarbeit, Reichweite und Bildung

Einen Schwerpunkt der Arbeit des Wissenschaftskonsortiums stellen die Öffentlichkeitsarbeit und die Bildung dar, und zwar sowohl an professionelle Interessensvertreter als auch an die breite Öffentlichkeit gerichtet.

Vor diesem Hintergrund bringt das Wissenschaftskonsortium die Expertise und die Interessen von Industrie, regulierenden Behörden, Wissenschaft und Nichtregierungsorganisationen zusammen, um tierfreie Methoden voranzubringen. Es präsentiert sich auf Konferenzen, publiziert in Fachzeitschriften und veranstaltet Webinare. Das Wissenschaftskonsortium stellt auf seiner Internetseite wertvolles Wissen für Industrieunternehmen bereit, z. B. Informationsblätter zu tierfreien Methoden. Zwischen Oktober 2014 und Juni 2015 hat das Wissenschaftskonsortium eine kostenlos bereitgestellte Webinarreihe zur Verwendung tierfreier Methoden für Teststrategien organisiert. In dieser Reihe traten Experten des Referenzlabors der Europäischen Union für Alternativen zu Tierversuchen (EURL ECVAM), der Europäischen Kommission, der Europäischen Chemikalienagentur (ECHA) und andere führende Experten aus Industrie und Wissenschaft auf. Die Reihe wurde mitveranstaltet von Chemical Watch, dem führenden europäischen Nachrichten- und Informationsdienstleister für Regulatorik, und erreichte Tausende Wissenschaftler, Firmen- und Behördenvertreter live. Viele mehr schauten sich die Präsentationen nachträglich auf der Internetseite des Wissenschaftskonsortiums an. In den Webinaren präsentierten und diskutierten Experten tierfreie Methoden wie z. B. Read-Across. Dieses Verfahren erlaubt einen Vergleich strukturell ähnlicher und biologisch ähnlich wirkender Stoffe, um von den toxischen Eigenschaften bekannter Stoffe auf unbekannte Eigenschaften eines anderen Stoffes zu schließen. Dadurch können Tierversuche vermieden werden. Andere Webinare behandelten tierfreie Methoden für Reizung und Verätzung von Haut und Augen, Hautallergisierung, akute Toxizität in Säuger und Fischen (d. h., die Bestimmung der Dosis, die die Hälfte der Tiere in einer bestimmten Zeit tötet) und die Prozesse auf dem Weg zur Anerkennung tierfreier Methoden durch regulierende Behörden. Beispielsweise untersucht man in klassischen Allergietests an Meerschweinchen oder Mäusen allergische Reaktionen der Haut auf Chemikalien, während die entsprechenden tierfreien Methoden messen, welche Gene in verschiedenen Schritten der AOP für Hautallergisierung abgelesen werden. Teilnehmer der Webinare füllten anschließend eine Umfrage aus. 80 Prozent der Umfrageteilnehmer gaben an, dass sie wertvolle Informationen zur Verwendung tierfreier Methoden in einer Teststrategie gewonnen hatten, und 50 Prozent schätzten die Wahrscheinlichkeit höher ein, dass sie diese Methoden im Zusammenhang mit der REACH-Verordnung einsetzen würden. Das Wissenschaftskonsortium beabsichtigt, künftig weitere Webinare anzubieten, um zu gewährleisten, dass die Industrie tierfreie Methoden anwendet und regulierende Behörden diese akzeptieren.

Für seine sehr erfolgreiche Webinarserie, persönliche Trainingskurse und die Entwicklung von Bildungsmaterial zur Förderung der Anwendung und Akzeptanz tierfreier Methoden für regulatorische

Zwecke wurde das Wissenschaftskonsortium mit dem angesehenen Lush Prize Training Award ausgezeichnet. Dieser Preis wird von der Kosmetikfirma Lush vergeben. Er ehrt nicht nur Neuerer, sondern beinhaltet auch eine Prämie, um ihre Arbeit voranzubringen. Das Wissenschaftskonsortium ist somit der stolze Gewinner von 25.000 britischen Pfund für seinen vielfältigen Ansatz der Information und Ausbildung.

Öffentlicher Druck ist ein wichtiges Mittel, um die Zahl der Tierversuche zu verringern und sie letztlich ganz abzuschaffen. Die Medien sind ein ausgezeichneter Weg, um einen großen Teil der breiten Öffentlichkeit zu erreichen. Daher geben die Vertreter des Wissenschaftskonsortiums regelmäßig Interviews über ihre Arbeit, die verfügbaren tierfreien Methoden und das Leiden der Tiere in Experimenten. Zum Beispiel strahlte Radio Lotte Weimar 2015 ein Interview mit Dr. Faßbender über die Arbeit des Wissenschaftskonsortiums und regulatorische Testanforderungen aus.

Weltweite Harmonisierung

Neue tierfreie Methoden werden nur in behördlich vorgeschriebenen Toxizitätstests angewandt, wenn es für diese Methoden validierte Testrichtlinien gibt und diese von nationalen und internationalen regulierenden Behörden anerkannt werden, um Datenanforderungen gesetzlicher Rahmenwerke verschiedener Teile der Welt, wie der REACH-Verordnung, zu erfüllen.

Die OECD entwickelt standardisierte Testrichtlinien für neue Methoden und überarbeitet bestehende Testvorschriften, um dem wissenschaftlichen und regulatorischen Fortschritt Rechnung zu tragen. Hierbei spielt der Internationale Rat für Tierschutz in OECD-Programmen (ICAPO) eine wichtige Rolle. ICAPO setzt sich für alternative Methoden ein, die Tierversuche ersetzen, minimieren und abmildern können. Als Mitglied von ICAPO stellt das Wissenschaftskonsortium sicher, dass die von der OECD vorgeschlagenen internationalen Teststandards tierfreie Methoden enthalten und dass in Testrichtlinien, die immer noch Tiere einsetzen, hohe Ansprüche an das Tierwohl gestellt werden.

Das Wissenschaftskonsortium, einschließlich PETA Deutschlands Wissenschaftlers, ist gegenwärtig aktiv in Projekte bei der OECD eingebunden, die u. a. die Reduktion der Zahl von Fischen in aquatischen Toxizitätstests zum Ziel haben. Hierfür arbeitet das Wissenschaftskonsortium mit Experten aus der Industrie, der Wissenschaft, von Behörden und Nichtregierungsorganisationen zusammen. Ein Ergebnis dieser Tätigkeit im Jahr 2015 war die Veröffentlichung mehrerer Richtlinien für Gentoxizitätstests durch die OECD. Durch die Tätigkeit von ICAPO, einschließlich des Wissenschaftskonsortiums, wurde die Zahl der Tiere in diesen Tests reduziert und die Anforderungen an das Tierwohl erhöht.

Die OECD ist nicht die einzige supranationale Organisation, bei der das Wissenschaftskonsortium vertreten ist, es sitzt auch im Interessensvertreterforum des EURL ECVAM am Tisch. Diese öffentliche Einrichtung ist verantwortlich für die Validierung von Methoden, die Tierversuche ersetzen, minimieren oder abmildern. Das Wissenschaftskonsortium kommentiert Empfehlungen für neue Methoden und Strategiepapiere des EURL ECVAM.

Brennpunkt: Die EU-Verordnung zur Registrierung, Bewertung, Zulassung und Beschränkung von Chemikalien (REACH)

Das Wissenschaftskonsortium setzt sich dafür ein, dass Tierversuche für die REACH-Verordnung minimiert und tierfreie Methoden so breit wie möglich angewandt und akzeptiert werden. Die Europäische Chemikalienagentur (ECHA) ist für die Verwaltung und Umsetzung von REACH verantwortlich. Das Wissenschaftskonsortium diskutiert mit der ECHA als eine Organisation akkreditierter Interessensvertreter (Accredited Stakeholder Organisation, ASO). Vertreter des Wissenschaftskonsortiums nehmen an formalen Meetings mit ECHA-Funktionären teil, besuchen ECHA-Veranstaltungen für Interessensvertreter und reichen Kommentare zu Vorschlägen für Tierversuche ein. Außerdem nimmt das Wissenschaftskonsortium an Treffen teil, in denen Tierversuche besprochen werden, und arbeitet an der Aktualisierung von Leitfäden der ECHA für die Erfüllung der Testanforderungen der REACH-Verordnung mit. Diese Aktivitäten ermöglichen es dem Wissenschaftskonsortium, die Anwendung tierfreier Methoden auch für REACH voranzubringen. Zum Beispiel vertritt PETA Deutschlands Wissenschaftler das Wissenschaftskonsortium in Meetings der Arbeitsgruppe der ECHA für Nanomaterialien und kommentiert Leitfäden für die Risikobewertung von Nanomaterialien.

Die REACH-Verordnung enthält Maßgaben, die sicherstellen sollen, dass tierfreie Methoden immer angewandt werden sollen, wenn dies möglich ist. Dennoch kommen Industrieunternehmen dieser Anforderung nicht immer nach. Ein Bericht der ECHA von 2011[112] zeigt, dass Zehntausende Tiere in Experimenten vergiftet und getötet wurden, die durchgeführt wurden, um die Datenanforderungen der REACH-Verordnung zu erfüllen. Bedenken nachgehend, dass die ECHA nicht überprüft, ob Tierversuche nur als letztes mögliches Mittel durchgeführt werden, hat das Mitglied des Wissenschaftskonsortiums PETA UK 2012 eine offizielle Beschwerde bei der Europäischen Ombudsfrau eingereicht. Daraufhin urteilte diese im Dezember 2014, dass die Interpretation der ECHA ihrer eigenen Aufgaben zu eingeschränkt war und bestätigte, dass die ECHA dafür verantwortlich ist, einzuschätzen, ob Unternehmen Alternativen zu Tierversuchen angewandt haben, wo immer dies möglich war.[113] Die ECHA führt nun eine Pilotstudie durch, um zu untersuchen, wie sie klären kann, warum Tierversuche durchgeführt wurden, wenn tierfreie Methoden möglich schienen. Zudem wird die ECHA die EU-Mitgliedsstaaten über Verstöße gegen die Datenanforderungen informieren. Diese Veränderung in den Verwaltungsvorgängen der ECHA wird möglicherweise weitreichende Folgen für die Reduktion von Tierversuchen für REACH haben. Unternehmen werden von Tierversuchen absehen, weil ihre bei der ECHA eingereichten Daten kritisch auf Tests geprüft werden, die vermeidbar gewesen wären – und weil ihnen Strafen drohen, wenn solche Tests gefunden werden.

Verlangt die ECHA einen Tierversuch, können Unternehmen dies in einem formalen Prozess bei der Widerspruchskammer der ECHA anfechten. Das Wissenschaftskonsortium hat in Fällen interveniert, die einen Präzedenzfall schaffen und Tierversuche für REACH reduzieren könnten. Beispielsweise hat das Wissenschaftskonsortium 2014 in einem Fall interveniert, in dem das chemische Industrieunternehmen CINIC Chemicals Europe Sàrl klagte. In diesem Fall hob die Widerspruchskammer die Entscheidung der ECHA auf, die von CINIC verlangte, eine Reproduktionstoxizitätsstudie durchzuführen, die etwa 1.300 Tiere ihr Leben gekostet hätte. Die Tiere wären während der Schwangerschaft oder als Neugeborene mit einer Chemikalie zwangsgefüttert worden, bevor sie getötet und seziert worden wären. Die ECHA hatte eingewandt, dass es zu belastend für ihre Verwaltungsabläufe sei, neue Informationen noch nach einer von ihr selbst festgelegten Frist zu berücksichtigen – eine Frist also, die nicht von der REACH-Verordnung vorgegeben wird. Das Wissenschaftskonsortium erstellte eine Stellungnahme zu dem Fall und trat bei der Verhandlung des Falles auf. Dabei forderte es Veränderungen an den strikten Verwaltungsabläufen der ECHA, damit alle Daten bewertet werden, bevor die ECHA einen Tierversuch verlangt. Die Widerspruchskammer urteilte, dass die ECHA den Fall wieder öffnen müsse. Indem die Kammer von der ECHA verlangte, neue Information in einem überarbeiteten eingereichten Datensatz zu berücksichtigen, stellte sie sicher, dass alle relevanten Informationen in den Entscheidungsprozess mit einbezogen werden, bevor ein neuer Versuch verlangt wird. Diese Entscheidung könnte Zehntausende weitere Tiere vor ähnlichen vermeidbaren Tests bewahren. Das Wissenschaftskonsortium wird sich auch in den kommenden Jahren für eine Reduktion der Zahlen von Tierversuchen durch die Industrie und die ECHA einsetzen.

Fazit

PETAs internationales Wissenschaftskonsortium setzt sich für den Ersatz von Tierversuchen durch tierfreie Methoden im Bereich der regulatorischen Tests ein. Das Wissenschaftskonsortium verfolgt hierzu erfolgreich viele verschiedene Ansätze, darunter die Förderung und Finanzierung tierfreier Methoden, die Vermittlung neuen Wissens und neuer Fähigkeiten an Experten und die Öffentlichkeit sowie die Arbeit für eine weltweite Harmonisierung der von Behörden verlangten Testanforderungen. Zudem versucht das Wissenschaftskonsortium, Brücken zwischen neuen wissenschaftlichen und regulatorischen Entwicklungen zu bauen. Dabei wurden für einen Übergang von der Nutzung von Tieren zu humaneren und wissenschaftlich überlegenen Methoden im regulatorischen Testen bereits wesentliche Fortschritte verzeichnet – weitere werden folgen.

Quellen:

[110] *Siebenter Bericht über die statistischen Angaben zur Anzahl der in den Mitgliedstaaten der Europäischen Union für Versuchs- und andere wissenschaftliche Zwecke verwendeten Tiere. Bericht der Kommission an den Rat und das Europäische Parlament. COM (2013) 859 final. http://eur-lex.europa.eu/legal-content/DE/TXT/PDF/?uri=CELEX:52013DC0859&from=EN (03.03.2016).*

[111] *Chemical Watch (2014): Peta: avoidable animal tests continue under REACH. https://chemicalwatch.com/20711/peta-avoidable-animal-tests-continue-under-reach (11.03.2016).*

[112] *European Chemicals Agency (2011): The use of alternatives to testing on animals for the REACH regulation. HA-11-R-004.2-EN. http://echa.europa.eu/documents/10162/13639/alternatives_test_animals_2011_en.pdf (03.03.2016).*

[113] *European Ombudsman (2014): Decision of the European Ombudsman closing the inquiry into complaint 1568/2012/(FOR)AN against the European Chemicals Agency (ECHA). http://www.ombudsman.europa.eu/cases/decision.faces/en/58549/html.bookmark (03.03.2016).*

DURCHSETZUNG VON ALTERNATIV-METHODEN FÜR DAS MILITÄR

DIE USA ALS VORREITER

Mehr als drei Jahre ist es her, als in Gera über die Genehmigung für tödliche Übungskurse an Schweinen in Thüringen verhandelt wurde. Antragsteller war das Deployment Medicine International (DMI), ein Vertragspartner der US-Armee. Nach mehrstündigen Verhandlungen gab das DMI damals seinen Plan auf, Versuche an Schweinen in der deutschen Dependance durchzuführen. Diese traumatisierenden Experimente sollten über mehrere Stunden andauern. Bei der Verhandlung haben alle drei Gutachter das tierquälerische Vorhaben aus fachwissenschaftlicher und medizinisch-ethischer Sicht ausnahmslos verurteilt, sodass hier auch ohne Klagerücknahme von DMI ein eindeutiges Urteil zugunsten der Landesregierung Thüringen gefällt worden wäre.[114]

In den USA trieb John Henry Hagmann, Leiter des DMI und ehemaliger US-Militärarzt, weiterhin sein Unwesen. In seinen sogenannten Trainingseinheiten verabreichte er seinen Auszubildenden gesundheitsschädigende Flüssigkeiten sowie das psychedelische Narkotikum Ketamin, um Nervenblockaden und Schockzustände auszulösen. Auch Schweine blieben nicht von seinen Gräueltaten verschont. Die Tiere wurden schwer verletzt, um Kriegsverletzungen an ihnen nachzustellen. Häufig mussten sie diese Qualen unbetäubt bei lebendigem Leib ertragen.

Gegen diese unmenschlichen „Ausbildungsmethoden" hatte PETA USA erneut Beschwerde eingereicht – erfolgreich! Das DMI darf in den nächsten 15 Jahren keine staatlichen Aufträge erhalten. Dies ist deshalb so gewichtig, da die US-Bundesregierung bislang der größte Auftraggeber des DMI war. Als führender Anbieter dieser kaltblütigen militärischen Trainingsmethoden erhielt das DMI in den vergangenen Jahren Aufträge im Wert von über 10 Millionen US-Dollar.[115]

Tierversuchsfreie Lehre in Deutschland

Tierversuche finden nicht nur in Forschungseinrichtungen und Laboren statt; auch an vielen deutschen Universitäten werden jedes Jahr immer noch Tausende Tiere für die Lehre gequält und getötet. Die Ergebnisse dieser leidvollen Versuche sind längst bekannt und dokumentiert. Sie liefern daher weder neue Erkenntnisse noch lässt sich ein Großteil dieser Ergebnisse überhaupt auf den Menschen übertragen. Für das Studium haben Tierversuche daher keinen Mehrwert – im Gegenteil, sie vermitteln sogar falsche Lehrinhalte.

Vor allem Studierende der Human- und Tiermedizin werden während ihres Studiums häufig mit Tierversuchen oder sogenannten tierverbrauchenden Methoden konfrontiert. Doch auch in anderen lebenswissenschaftlichen Studiengängen wie Biologie, Pharmazie oder Psychologie werden immer noch Tiere für Lehrveranstaltungen missbraucht.[116] Im Grundstudium solcher Studienfächer wird vielerorts von den Studierenden verlangt, Organe oder ganze Tierkörper zu sezieren. Da die Tiere bereits vorab getötet werden und somit keine Verwendung in einem der gesetzlichen Definition entsprechenden Versuch darstellen, fallen diese Experimente unter sogenannte tierverbrauchende Methoden. Es herrscht ein absoluter Mangel an Transparenz über Art und Umfang der in der Ausbildung durchgeführten Experimente an und mit Tieren, da die Zahlen häufig dem Datenschutz unterliegen.

Je nach Studiengang werden die verschiedensten Experimente mit oder an verängstigten Tieren durchgeführt. Ob Versuche am offenen Krebsherz, an sogenannten fistulierten Rindern oder das „klassische“ Froschmuskelexperiment – allen ist eines gemein: das unsagbare Leid der Tiere. Bei vollem Bewusstsein werden wirbellose Tiere an den Flügeln auf Wachsbretter gepinnt oder der Länge nach aufgeschnitten, Schweine werden im Rahmen des Tiermedizinstudiums auf ein Laufband getrieben, wo sie gezwungen sind, fast bis zur Erschöpfung zu laufen. Gemäß Tierschutzgesetz sind diese grausamen Praktiken legal. Die sogenannten Übungen haben keinerlei Lerneffekt für die Studierenden und können mit weitaus wissenschaftlicheren tierleidfreien Alternativen vermittelt werden.

Studierende, die ohne Tierversuche unterrichtet wurden, schneiden im Vergleich genauso gut oder sogar besser ab als Kommilitonen, die im Rahmen des Studiums an Tieren experimentiert hatten. Somit besteht keine Notwendigkeit für den Tiermissbrauch in der Lehre.[117] Computersimulationen, 3-D-Modelle und Lehrvideos ermöglichen Studierenden unter anderem, ihre Fertigkeiten zu verbessern und Vorgänge beliebig oft zu wiederholen.

Für medizinische Studiengänge empfiehlt sich besonders der sogenannte TraumaMan. Als eine naturgetreue Abbildung der Anatomie und Physiologie des menschlichen Körpers, die unter anderem mit lebensechten Haut- und Gewebeschichten, Rippen und inneren Organen ausgestattet ist, rettet das moderne Ausbildungsgerät das Leben von Mensch und Tier. Mithilfe zahlreicher Unterstützer konnte PETA bereits in 16 Ländern TraumaMan-Simulatoren zur Verfügung stellen. An insgesamt 107 Exemplaren können Mediziner ihre chirurgischen und notfallmedizinischen Fertigkeiten in Bolivien, Costa Rica, Ägypten, Iran, Jordanien, Mexiko, Mongolei, Panama, China, Griechenland, Indonesien, Pakistan, Zypern, den Philippinen und den Vereinigten Arabischen Emiraten sowie Trinidad und Tobago verbessern. Basierend auf kürzlich erfassten Daten dieser Länder können jährlich über 2.000 Hunde, Schweine, Ziegen und Schafe davor bewahrt werden, dass man ihnen Löcher in den Hals, in den Bauch, in den Brustkorb oder in ihre Gliedmaßen bohrt und sie tötet.[118]

In ihren Bemühungen, eine tierversuchsfreie Lehre voranzubringen, wandte sich PETA im Jahr 2015 an 126 Fakultäten lebenswissenschaftlicher Studiengänge und bat um Informationen zu deren angewandten Lehrmethoden. Auch nach mehrfachem Anschreiben reagierte weniger als die Hälfte überhaupt auf die Anfrage. Um jedoch gezielt Alternativen vorschlagen zu können, ist es nötig, genau zu wissen, wie viele Tiere wofür eingesetzt werden. Auch sogenannte IFG-Anfragen (IFG = Informationsfreiheitsgesetz) waren größtenteils erfolglos. In den meisten Fällen wurde die Tierrechtsorganisation von einer Institution an die nächste verwiesen, keiner wollte Stellung zum derzeitigen Ist-Zustand an den deutschen Universitäten beziehen. Sowohl Regierungspräsidien als auch die Tierschutzbeauftragten der Länder wiesen die Verantwortung von sich, konnten allerdings auch nicht die Anlaufstelle benennen, die die erbetenen Antworten liefern kann. Die Informationen für Studieninteressierte und Studierende, wo und wie ein tierleidfreies Studium möglich ist, trug PETA auf der Website **Studieren-ohne-Tierversuche.de** zusammen.

Während es an vielen deutschen Universitäten am guten Willen mangelt, fehlt es in manchen Ländern lediglich an Informationen und finanziellen Mitteln. Viele Dozenten in Ländern wie der Ukraine und Russland stehen modernen tierleidfreien Lehrmethoden aufgeschlossen gegenüber. Die Ärzte gegen Tierversuche e.V. helfen interessierten Hochschullehrern mit ihrem Osteuropaprojekt, auf Alternativmethoden umzusteigen und damit Tierleben zu retten.[119] Auch Menschen für Tierrechte – Bundesverband der Tierversuchsgegner e.V. setzen sich für eine humane Ausbildung ein. Das von ihnen ins Leben gerufene Projekt SATIS hat sich ebenfalls zum Ziel gesetzt, Tierschutzarbeit an den Hochschulen effektiver zu gestalten und ein Informationsnetz aufzubauen.[120]

Um eine ethische und wissenschaftliche Lehre etablieren zu können, müssen tierfreie Alternativmethoden stärker gefördert werden – und die Hochschulen müssen erkennen, dass eine zukunftsorientierte Lehre nur ohne Tiermissbrauch stattfinden kann.

Quellen:

[114] *PETA Deutschland e.V. (2012): Pressemeldung: DMI gibt auf: Klage vor dem Verwaltungsgericht Gera zurückgezogen. Ein guter Tag für die Tiere. 02.10.2012. Stuttgart. www.peta.de/dmi-gibt-auf-klage-vor-dem-verwaltungsgericht-gera-zurueckgezogen (09.03.2016).*

[115] *Kowalski, Stephanie (2015): DMI – keine Aufträge mehr vom Staat. Veganblog. http://www.veganblog.de/2015/12/dmi-keine-auftraege-mehr-vom-staat/ (09.03.2016).*

[116] *PETA Deutschland e.V. (2016): Informationen für Studierende. Tierversuche an deutschen Hochschulen. www.studieren-ohne-tierversuche.de (09.03.2016).*

[117] *PETA USA (2014): Cutting Out Dissection: Benefits of Non-Animal Teaching Methods. peta.org/wp-content/uploads/2014/11/Benefits-of-Non-Animal-Teaching.pdf (09.03.2016).*

[118] *PETA Deutschland e.V. (2014): Erfolg: Das Ende medizinischer Übungen an Tieren in 9 Ländern. www.peta.de/das-ende-medizinischer-uebungen-an-tieren-in-9-laendern (09.03.2016).*

[119] *Ärzte gegen Tierversuche e.V. (ohne Datum): Umbringen, aufschneiden, wegwerfen: Tierversuche im Studium. https://aerzte-gegen-tierversuche.de/de/infos/studium/120-umbringen-aufschneiden-wegwerfen-tierversuche-in-studium (09.03.2016).*

[120] *SATIS – für humane Ausbildung (ohne Datum): Über SATIS. http://www.satis-tierrechte.de/uber-satis/ (09.03.2016).*

UNTERHALTUNG

STIERKAMPF

WIDERSTAND UND SUBVENTIONEN

In Spanien hält der Protest gegen den Stierkampf auch 2015 weiter an. In Pamplona veranstalteten die spanische Organisation AnimaNaturalis Internacional und die Tierrechtsorganisation PETA UK im Juli 2015 wiederholt eine Protestaktion gegen die Stierkämpfe und Stierrennen im Rahmen des San-Fermín-Festivals. Unter dem Motto „Pamplonas Straßen sind mit dem Blut der Stiere befleckt" bildeten rund 100 Unterstützer in roter Unterwäsche und mit rot bemalten Körpern einen „Fluss aus Blut" vor der Stierkampfarena in der Straße Paseo Hemingway.[121] Nach den Kommunalwahlen im Mai 2015 spürte die spanische Stierkampfindustrie auch seitens der Politik Gegenwind. Vermehrt setzten Städte und Gemeinden, in denen sich die Linken etablierten, ein Zeichen gegen den Stierkampf.[122] So erklärte u. a. das Kommunalparlament der mallorquinischen Hauptstadt Palma die Stadt im Juli 2015 symbolisch zur „stierkampffreien Zone" – ein tatsächliches Verbot der Stierkämpfe auf Mallorca muss durch die Regionalregierung der Baleareninseln beschlossen werden.[123]

In Frankreich verbuchte die Stierkampfindustrie 2015 ebenfalls einen Rückschlag. Nachdem das französische Kulturministerium den Stierkampf 2011 zu einem der Kulturschätze des Landes erklärte, zogen verschiedene Tierschutzverbände bis vor das französische Oberverwaltungsgericht. Dieses bestätigte im Juni 2015, dass der Stierkampf von der Liste des immateriellen Kulturerbes in Frankreich zu streichen ist.[124]

Wie in den vergangenen Jahren[125] legten die Grünen auch 2015 bei der Abstimmung im EU-Parlament über das Budget 2016 einen Änderungsantrag vor, der Agrarsubventionen für Kampfstierzüchter abschaffen sollte. PETA unterstützte das Vorhaben und ließ den deutschen und österreichischen EU-Abgeordneten eine Petition zukommen, an der sich in nur zwei Wochen über 11.000 Menschen beteiligten.[126] Die weltweiten Büros der Tierrechtsorganisation wandten sich zudem in einem gemeinsamen Schreiben an alle EU-Abgeordneten, appellierten an diese, dem Änderungsantrag zuzustimmen und standen im engen Austausch mit einigen Abgeordneten. Im Oktober 2015 nahm das EU-Parlament den Antrag in der entscheidenden Abstimmung an und stimmte erstmals für ein Ende der Stierkampfsubventionen.[127] In den weiteren Instanzen des Rats der Mitgliedsstaaten sowie der EU-Kommission wurde der Antrag jedoch abgelehnt und letztendlich nicht in den Haushalt 2016 einbezogen.[128]

Quellen:

[121] *PR online (2015): Pamplona: Nackter Peta-Protest gegen Stierhatz.* *http://www.rp-online.de/panorama/ausland/pamplona-nackter-peta-protest-gegen-stierhatz-bid-1.5213837 (10.03.2016).*

[122] *dpa (2016): Stierkampf in Spanien. Schwere Zeiten für Toreros.* *In: Der Tagesspiegel. http://www.tagesspiegel.de/weltspiegel/stierkampf-in-spanien-schwere-zeiten-fuer-toreros/12155380.html (10.03.2016).*

[123] *Schulze, Ralph (2015): Palma ohne Stierkämpfer. In: Weser Kurier.* *http://www.weser-kurier.de/startseite_artikel,-Palma-ohne-Stierkaempfer-_arid,1177891.html (10.03.2016).*

[124] *Samuel, Henry (2015): French court removes bullfighting from country's cultural heritage list. In: The Telegraph. http://www.telegraph.co.uk/news/worldnews/europe/france/11655767/French-court-removes-bullfighting-from-countrys-cultural-heritage-list.html (10.03.2016).*

[125] *PETA Deutschland e.V. (2015): Tierrechtsreport 2015. Recherchen, Tierquälereien und rechtliche Entwicklungen in Deutschland. Stuttgart: BoD.*

[126] *PETA Deutschland e.V. (2015): EU-Subventionen für Stierkampfindustrie stoppen. http://www.peta.de/stierkampf-eu-subventionen (10.03.2016).*

[127] *Europäisches Parlament: Entschließung des Europäischen Parlaments vom 28. Oktober 2015 zu dem Standpunkt des Rates zum Entwurf des Gesamthaushaltsplans der Europäischen Union für das Haushaltsjahr 2016 (11706/2015 – C8-0274/2015 – 2015/2132(BUD)). http://www.europarl.europa.eu/sides/getDoc.do?pubRef=-//EP//TEXT+TA+P8-TA-2015-0376+0+DOC+XML+V0//DE (10.03.2016).*

[128] *Grüner Klub im Parlament (2015): Vana: „Mehr Geld für Flüchtlinge ist einziger Lichtblick in rückwärtsgewandtem EU-Budget 2016". https://www.gruene.at/ots/vana-mehr-geld-fuer-fluechtlinge-ist-einziger-lichtblick-in-rueckwaertsgewandtem-eu-budget-2016 (10.03.2016).*

DIE TIERQUAL BEI ZIRKUS CHARLES KNIE & CO

VERBOTE, VERURTEILUNGEN UND BEHÖRDLICHE ZWANGSMITTEL

2015 haben wieder zahlreiche Städte wie beispielsweise Düsseldorf, Osnabrück, Erlangen, Detmold und Castrop-Rauxel ein kommunales Zirkuswildtierverbot beschlossen. In den meisten Fällen stand PETA den örtlichen Aktiven oder Politikern beratend zur Seite. Rechtliche Hilfestellung für die Städte gab es auch von der Stabsstelle Tierschutz des baden-württembergischen Ministeriums für Ländlichen Raum (MLR). In einer Ausarbeitung vom 10. Juli 2015, in der sämtliche vorliegende Rechtsprechungen berücksichtigt sind, gibt das Ministerium konkrete Empfehlungen, wie Städte und Gemeinden Wildtierzirkusse unter Berücksichtigung rechtlicher Gegebenheiten von ihren kommunalen Flächen ausschließen können.[129] Der Verfasser, Dr. Christoph Maisack, ist ehemaliger Staatsanwalt und Richter am Landgericht Waldshut sowie Mitverfasser des 2016 in dritter Auflage im Münchener Vahlen-Verlag erschienenen Kommentars zum Tierschutzgesetz.

Neben der zunehmenden Ablehnung durch die Städte spüren die Zirkusunternehmen auch den immensen Druck der Bevölkerung in Form von Protestkundgebungen und Infoständen. Aktiv dabei sind die Ehrenamtlichen des PETA ZWEI-Streetteams sowie etliche Tierrechts- und Tierschutzorganisationen und Bürgerinitiativen. Viele Zirkusse reagieren darauf mit altbekannten Methoden: Gewalt und Aggressivität. In Garbsen bei Hannover griffen im November 2015 mehrere Mitarbeiter des Circus Belly Tierschützer an und verletzten dabei eine Person schwer. Das Streetteam von PETA ZWEI, der Jugendkampagne von PETA Deutschland e.V., veranstaltete eine Protestaktion vor dem Zirkusgelände. Zwölf Tierschützer – darunter drei Kinder – schlossen sich der Kundgebung, die bei den örtlichen Behörden angemeldet und genehmigt war, an. Als die Aktivisten ihren Informationsstand aufbauten, fuhr ein Zirkusmitarbeiter mit einem Radlader direkt auf sie zu und zerstörte den Stand sowie zahlreiche Demoutensilien. Weiteres Personal attackierte die Tierschützer direkt – laut Augenzeugen erlitt ein Demonstrant eine komplizierte Fraktur der Elle, als er einen Schlag mit einer Schaufel gegen seinen Kopf abzuwehren versuchte. Er musste im Krankenhaus operiert werden. Die gewalttätige Aktion des Zirkus erfolgte ohne Vorwarnung oder vorherigen verbalen Austausch. Nachdem die Tierschützer die Polizei riefen, erschienen mehrere Streifenwagen sowie ein Rettungswagen. Es wurden Strafanzeigen gegen die beteiligten Zirkusmitarbeiter erstattet.

Im April 2015 wurden drei Angehörige des Zirkus Aeros wegen schwerer Körperverletzung zu Geldstrafen verurteilt.[130] Im Vorjahr waren sie während einer friedlichen Protestaktion in Leipzig auf Demonstranten losgestürmt und verletzten sie teilweise schwer durch Tritte und Faustschläge. Ein Fotograf wurde im Juli 2015 in Berlin-Reinickendorf von Angehörigen des Zirkus Schollini zusammengeschlagen – auch hier wurde Strafanzeige erstattet.[131]
Die Prügelattacken zeigen vor allem eines: Achtung und Respekt vor anderen Lebewesen sind im Zirkus nicht zu finden. Man kann nur erahnen, welche Hölle die Tiere dort durchleben müssen, sind sie diesen gewalttätigen Schlägern doch schutzlos ausgeliefert. Tierfreunde lassen sich aber nicht vom letzten Aufbäumen der untergehenden Tierzirkusindustrie abschrecken: 2015 fanden mehrere Hundert Protestveranstaltungen vor Zirkusbetrieben statt – ein neuer Rekord!

Elefantentrainer Errani vom Zirkus Charles Knie rechtskräftig wegen Tierquälerei verurteilt

Im selbsternannten „Vorzeigezirkus" Charles Knie wurden die drei Elefanten in den vergangenen Jahren zwischen den häufigen Ortswechseln wiederholt bis zu 18 Stunden auf dem Lkw belassen – selbst bei einer Fahrtdauer von lediglich einer Stunde. PETA hatte den Sachverhalt bereits im Sommer 2012 aufwändig mithilfe des Vereins Elefanten-Schutz-Europa e.V. dokumentiert und angezeigt, denn die vielen Stunden auf dem Lkw sind eine Tortur für die sensiblen Tiere. Das Veterinäramt Darmstadt leitete noch 2012 ein Ordnungswidrigkeitsverfahren gegen die Zirkusverantwortlichen ein. Da diese Widerspruch gegen den Bußgeldbescheid einlegten, wurde der Fall erst im Juni 2015 vor dem Amtsgericht Darmstadt verhandelt. Auf Seiten der Zirkusleute hatten sich im Gerichtssaal u. a. der Leiter des Veterinäramtes Wetteraukreis, Rudolf Müller, sowie der ehemalige Zootierarzt der Wilhelma, Wolfram Rietschel, eingefunden, die sich beide immer wieder offen gegen den Tierschutz, dafür aber pro Zirkus positionierten – Herr Rietschel sogar als Zeuge für die Zirkusseite. Der Prozess endete mit einer Verurteilung des Elefantenhalters zur Zahlung einer Geldbuße in Höhe von 150 Euro. Das Amtsgericht bestätigte die Auffassung des Veterinäramtes, dass den Elefanten erhebliches Leid zugefügt wurde, weil sie nach Ankunft am Zielort nicht sofort aus dem Transporter gelassen wurden. Das Urteil ist mittlerweile rechtskräftig.[132]

Tierquälerei und Fahrlässigkeit im Zirkus – Elefant tötet Spaziergänger

Eine Undercover-Recherche von PETA zeigte, dass die Elefantendame Benjamin im Winterquartier des Circus Luna im baden-württembergischen Stühlingen wiederholt eiskalte Nächte auf einem kleinen Lkw verbringen musste. Wie auch das investigative ZDF-Magazin „Frontal 21" in der Sendung vom 5. März 2015 berichtete, dokumentierten die PETA-Ermittler mehrmals die Temperatur auf dem Zirkustransporter. An drei über die Nacht verteilten Messzeitpunkten wurden auf dem Lkw in unmittelbarer Nähe des Elefanten jeweils 6 °C verzeichnet – ein klarer Verstoß gegen die offiziellen Richtlinien und lebensbedrohlich für das Tier. PETA meldete den Missstand beim Kreisveterinäramt Waldshut und erstattete Strafanzeige bei der Staatsanwaltschaft Waldshut-Tiengen. Die ständige nächtliche Haltung auf dem kleinen Transporter stellt einen weiteren Verstoß gegen die Zirkusleitlinien dar und ist ebenfalls Gegenstand der Anzeige. Trotz unverzüglicher Meldung beim Veterinäramt war die tierquälerische Haltung auch bei einer drei Tage späteren Nachkontrolle unverändert: Das Digital-Funkthermometer zeigte 5,3 °C im Inneren des Lkws an. Gemäß den offiziellen Richtlinien für Elefantenhaltung im Zirkus und im Zoo darf die Temperatur der Unterkunft nicht unter 15 °C liegen, da die aus heißen Klimazonen stammenden Rüsseltiere sonst Erkrankungen und sogar Erfrierungen erleiden können. Das Veterinäramt sowie die Staatsanwaltschaft unternahmen jedoch nichts in der Angelegenheit, was einmal mehr die Unwilligkeit der meisten Behörden zeigt, selbst bei eindeutigen und schweren Fällen gegen Tierquälerei im Zirkus vorzugehen.

In den darauffolgenden Wochen zeigte PETA immer wieder die mangelhafte Tierhaltung, vor allem der Elefantendame Benjamin und der beiden Bären, an. Doch die Behörden in Baden-Württemberg unternahmen so gut wie nichts. Das Kreisveterinäramt

Esslingen bezeichnete die Bedenken in der Lokalpresse sogar als „übertrieben". Doch nur wenige Wochen später beurteilten hessische Kreisveterinärbehörden mit fachlicher Unterstützung der Landestierschutzbeauftragten den Sachverhalt vollkommen anders: Das Veterinäramt Kreis Bergstraße erließ wegen der tierschutzwidrigen Situation im Mai 2015 endlich eine Abgabeverfügung für die beiden Bären und das Veterinäramt Odenwaldkreis erstattete wegen Verstoßes gegen das Tierschutzgesetz sogar Strafanzeige gegen die Zirkusverantwortlichen. Für die Elefantendame wurden strenge Auflagen für ein größeres Gehege erteilt. Für eine der beiden Bärinnen kam die Hilfe zu spät: Sie musste im Juni wegen ihres schlechten Zustandes im Zirkus eingeschläfert werden. Die zweite Bärin wurde jedoch gerettet und innerhalb der behördlichen Abgabefrist vom Zirkus an den Hochwildschutzpark Hunsrück übergeben. Die Tierquälerei bei Circus Luna wurde in den vergangenen Jahren wiederholt von Bürgern und Organisationen angezeigt – ergebnislos.

Jahrelang hatte PETA die Behörden und die Öffentlichkeit vor einem Unglücksfall mit der Elefantendame Benjamin gewarnt und sich dabei sogar an die Regierungspräsidien und Umweltminister Bonde in Baden-Württemberg gewandt. Durch die tierquälerischen Haltungsbedingungen und die fortwährende Unterwerfung durch den Menschen litt die Elefantin unter schweren Verhaltensstörungen. Schon bei drei Vorfällen verletzte sie insgesamt vier Menschen teilweise schwer. Dennoch ließen die Behörden zu, dass Benjamin inmitten von Schulkindern auf Schulhöfen oder auf Flohmärkten zu Werbezwecken präsentiert wurde. Auch ihrer Aufsichtspflicht kamen die Zirkusangehörigen oft nicht nach: Presse- und Augenzeugenmeldungen zufolge wurde die Elefantin allzu oft unbeaufsichtigt gelassen.[133] Im Juni 2015 dann das Unglück: Benjamin brach bei dem im baden-württembergischen Buchen gastierenden Circus Luna aus und verletzte einen 65-jährigen Spaziergänger tödlich. Erst angesichts dieses tragischen Vorfalls drängten die Behörden den Zirkus dazu, die Elefantendame in einen Zoo zu geben. Benjamin lebt nun mit drei Artgenossinnen im Safaripark Stukenbrock. Die Staatsanwaltschaft leitete ein Ermittlungsverfahren gegen die Zirkusverantwortlichen ein und PETA erstattete Strafanzeige wegen des Verdachts auf fahrlässige Tötung *(Az.: 21 Js 4580/15 Staatsanwaltschaft Mosbach).*

Bezeichnend für den Fall ist, dass Behörden und der zirkusnahe Verhaltensbiologe Immanuel Birmelin den Elefanten zuvor wiederholt für ungefährlich erklärt hatten. Letzterer hatte zudem betont, dass Benjamin nach vielen Jahren der Einzelhaltung nicht mehr mit Artgenossen zu vergesellschaften sei.[134] Mit dieser Aussage unterstützte Birmelin den Zirkus in dem Bestreben, die Elefantin trotz tierschutzwidriger Einzelhaltung weiterhin im Zirkus nutzen zu können. Allerdings versteht sich Benjamin nach Beobachtungen des Vereins Elefanten-Schutz Europa e.V. prächtig mit ihren Artgenossinnen im Safaripark Stukenbrok, womit auch diese zirkusfreundliche Gefälligkeitsaussage von Herrn Birmelin widerlegt ist.

Quellen:
[129] *Dr. Maisack, Christoph (2015): Zirkusse mit Wildtieren in öffentlichen kommunalen Einrichtungen. http://mlr.baden-wuerttemberg.de/fileadmin/ redaktion/m-mlr/intern/dateien/PDFs/SLT/15_07_10_Zirkusse_mit_ Wildtieren_in_kommunalen_oeffentlichen_Einrichtungen.pdf (05.03.2016).*

[130] *Dobbeck, Michaela (2015): Zirkus-Schläger vor Gericht. In: BILD-Zeitung. http://www.bild.de/regional/leipzig/schlaegerei/zirkus-schlaeger-vor-gericht-40687172.bild.html (05.03.2016).*

[131] *Deutsches Tierschutzbüro (2015): „Circus Schollini"-Mitarbeiter schlagen Tierschützer brutal zusammen – Deutsches Tierschutzbüro spricht Warnung aus. http://www.tierschutzbuero.de/circus-schollini/ (05.03.2016).*

[132] *Amtsgericht Darmstadt: Urteil vom 25.06.2015. Az. 233 OWi 8200 Js 40305/13.*

[133] *PETA Deutschland e.V. (2015): Chronik Circus Luna/Francordia, Familie Frank. http://www.peta.de/chronik-zirkus-luna-familie-frank (05.03.2016).*

[134] *Stellmach, Peter (2014): Elefant Benjamin: Tiermediziner geben Circus Luna vollen Rückhalt. In: Badische Zeitung. http://www.badische-zeitung.de/ loeffingen/elefant-benjamin-tiermediziner-geben-circus-luna-vollen-rueck-halt--83162838.html (05.03.2015).*

ZOOS

GESCHÖNTE BESUCHERZAHLEN UNTERMAUERN PARADIGMENWECHSEL

Der Wandel hin zu mehr Mitgefühl mit Tieren in unserer Gesellschaft ist unübersehbar. Auch die Rolle der Zoos wird zunehmend kritisch hinterfragt. Ist es überhaupt vertretbar, Tiere ihr Leben lang in Gehege und Käfige einzusperren, die ihren Bedürfnissen nicht einmal ansatzweise gerecht werden?

Einer im Dezember 2015 veröffentlichten Umfrage des Meinungsforschungsinstituts YouGov zufolge finden 49 Prozent der Deutschen die Haltung exotischer Tiere in Zoos moralisch <u>nicht</u> in Ordnung. Lediglich 37 Prozent haben kein Problem damit, 14 Prozent sind ohne Meinung.[135] Das Umfrageergebnis ist insbesondere vor dem Hintergrund erfreulich, dass Schulklassenfahrten in Zoos schon für die ganz Kleinen zum Standardprogramm gehören. Bereits an dieser Stelle beginnen Zoos im großen Stil, die Menschen mit ihrer abwegigen Argumentation zu vereinnahmen und suggerieren ihnen immer wieder, dass es richtig sei, Tiere einzusperren und für das „Bestandsmanagement" sogar zu töten.

In Gesprächen mit ehemaligen Zoobesuchern und Kindern sind PETA 2015 vor allem diese vier Gründe für die zunehmend ablehnende Haltung genannt worden:

1. Qualgehege
Die meisten Menschen empfinden keine Freude, sondern Mitleid, wenn sie verhaltensgestörte Eisbären oder Tiger stundenlang im Kreis laufen sehen. Affen liegen apathisch auf dem Boden oder auf einer Plattform, statt auf Bäumen zu klettern und mit Artgenossen zu interagieren. Elefanten werden – teilweise vor den Augen der Besucher – mit dem Elefantenhaken gequält.

2. Das Artenschutzmärchen
Das Märchen vom Artenschutz möchte kaum noch jemand hören. Für 99,9 Prozent aller Tiere bedeutet der Zoo ein lebenslanges Gefängnis. Insbesondere bedrohte Arten wie Eisbären, Menschenaffen oder Tiger können überhaupt nicht ausgewildert werden, wenn sie im Zoo geboren wurden. Tiere für immer und ewig einzusperren, hat nichts mit Artenschutz zu tun. Mit den vielen Millionen

Euro an Steuergeldern, die jedes Jahr in Zoosubventionen versanden, ließen sich die natürlichen Lebensräume effektiver schützen.

3. Zoos töten und verschachern Tiere

Vielen Besuchern stößt bitter auf, dass Zoos Tiere töten, um ihre Bestände zu „regulieren", oder dass sie Tiere an dubiose Tierhändler verkaufen. Beispielhaft sei hier das umfangreiche Strafermittlungsverfahren gegen den Tierhändler Werner B. genannt, das nach Strafanzeigenerstattung durch PETA im Jahr 2011 auch im Jahr 2015 nach wie vor andauert.[136]

4. Kinder lernen ... nichts.

Viele Eltern gehen nicht mehr mit ihren Kindern in den Zoo, weil ihnen dort falsches Wissen vermittelt wird. Was lernt ein Kind über einen Orang-Utan, der – wie beispielsweise der arme Buschi im Zoo Osnabrück – immer wieder sein eigenes Erbrochenes aufisst? Oder über einen Eisbären, der mit Psychopharmaka sediert wurde, damit er nicht stundenlang im Kreis läuft? Oder über einen Vogel, der sein Dasein in einem Käfig fristen muss, statt zu fliegen?

Dazu passt ins Bild, dass die Besucherzahlen vieler Zoos über Jahre hinweg massiv geschönt wurden. Der Grund dafür liegt auf der Hand: Um weiterhin Subventionen aus den Stadtkassen zu erhalten, müssen die meist hochdefizitären Zoobetriebe eine gewisse Beliebtheit in der Bevölkerung simulieren. Die Lokalpolitik würde wohl kaum jedes Jahr viele Millionen Euro an Steuergeldern in dieses bodenlose Fass werfen, fielen die Besucherzahlen dürftig aus. Getrickst wird beispielsweise mit den Dauerkarteninhabern: Gemäß einem Berechnungsschlüssel wird jedem Dauerkarteninhaber in vielen großen deutschen Zoos eine gewisse willkürliche Anzahl von Zoobesuchen zugeschrieben – unabhängig davon, wie oft die Person wirklich im Zoo war. Wie sehr diese Zahl geschönt ist, zeigt das Beispiel des Allwetterzoos in Münster. Während der Betrieb für 2014 mit der bisherigen Zählweise noch 947.730 Besucher vermeldet hatte, wurden 2015 nur die tatsächlichen Besucher des Zoos gezählt: Es waren lediglich 618.000.[137] Der Zoo hatte seine Besucherzahl jahrelang um über 300.000 Besuche aufgebläht, um in der Politik, den Medien und der Öffentlichkeit Attraktivität vorzutäuschen. Aus dem gleichen Grund dürften auch die Besucherzahlen zahlreicher weiterer großer deutscher Zoos viel zu hoch gegriffen sein.

Das neue Säugetiergutachten: Ein Fallbeispiel aus dem Tierpark Nadermann

Im Mai 2014 trat das überarbeitete Gutachten über Mindestanforderungen an die Haltung von Säugetieren, das sogenannte Säugetiergutachten, in Kraft. Rund vier Jahre lang hatten Tierschutzverbände sowie die Tierrechtsorganisation PETA auf der einen Seite und die Zoodirektoren auf der anderen Seite unter Federführung des Bundesagrarministeriums über die Aktualisierung der Richtlinien zur Säugetierhaltung gestritten. Die bisherigen Richtlinien waren Jahrzehnte alt und erlaubten noch Haltungen in erheblicher tierquälerischer Art und Weise. Am Ende hat das Ministerium leider überwiegend den Positionen der Zoos zugestimmt, doch selbst die von den Tierschützern gegen den Widerstand der Zoos erstrittenen kleineren Verbesserungen stellen die Zoos nun vor große Herausforderungen.

Schimpansen beispielsweise müssen nun auf mindestens 400 Quadratmetern gehalten werden. Zusätzlich zu einem 200 Quadratmeter großen Innengehege müssen sie auch ein Außengehege von 200 Quadratmetern nutzen können. Das ist angesichts der hohen Ansprüche der intelligenten Tiere immer noch viel zu wenig, doch vor 2014 war eine Haltung auf unfassbaren 50 Quadratmetern erlaubt.

Im Tierpark Nadermann im nordrhein-westfälischen Delbrück wurden die beiden Schimpansen Kaspar und Uschi seit Jahrzehnten in einem kleinen Käfig gehalten. Spätestens mit der Veröffentlichung der neuen Richtlinien 2014 war klar, dass der Tierpark die Menschenaffen abgeben oder einen großen Gehegeneubau stemmen muss, was aus finanziellen Gründen wohl nicht zur Debatte stand. Das winzige Gehege und die karge Einrichtung boten den intelligenten Schimpansen kaum Kletter- und Beschäftigungsmöglichkeiten. Während der Winterzeit ist der Park geschlossen und die Tiere waren in der kalten Jahreszeit in einem düsteren, heruntergekommenen Innenkäfig untergebracht. Nach vielen Jahren unter tierquälerischen Bedingungen wiesen die Menschenaffen Symptome schwerer psychischer Störungen auf. Bewegungsmangel sowie die von den Zooverantwortlichen tolerierte ständige Fütterung mit Pommes frites und Süßigkeiten durch Besucher haben die beiden Schimpansen deutlich übergewichtig werden lassen – Tierquälerei pur.

Als Anfang 2015 Pläne bekannt wurden, wonach die Menschenaffen nach China verkauft werden sollten, starteten die Verbände
animal public, Great Ape Project, PETA und Pro Wildlife eine Kampagne zur Rettung der beiden Tiere. Mehr als 13.000 E-Mails und
öffentlicher Protest zeigten offenbar Wirkung: Tierparkbetreiber
Reinhold Nadermann zog seinen Exportantrag beim Bundesamt
für Naturschutz zurück.

Im September 2015 veröffentlichten die Organisationen ein neues Video über die Zustände im Tierpark.[138] Die Aufnahmen zeigen, wie die Tiere weiterhin ständig mit schädlichen Süßigkeiten
wie Popcorn, Bonbons und Schokolade von Besuchern gefüttert
werden. Zudem äußerte sich der renommierte Primatologe Professor Dr. Volker Sommer, der die Schimpansen im Juli 2015 be-
suchte. Der Wissenschaftler bezeichnete die Unterbringung als
„Quälgehege". Sommer fand bei den sensiblen Tieren deutliche
Anzeichen einer tiefen Depression und beobachtete das anhaltende Ausrupfen selbst winziger Körperhärchen. Daraufhin forderten
die Organisationen die lokalen Veterinärbehörden erneut auf, die
tierschutzwidrige Haltung zu beenden und präsentierten sowohl
die renommierte niederländische Auffangstation AAP als auch das
Wales Ape & Monkey Sanctuary in Großbritannien als mögliche
Aufnahmestellen für Kaspar und Uschi.

Der Einsatz zeigte Wirkung: Im Dezember 2015 konnte das Ge-
schwisterpaar den Tierpark Nadermann endlich verlassen und
kam wohlbehalten im Wales Ape & Monkey Sanctuary an, um dort
ein – soweit das bei Schimpansen in Menschenhand überhaupt
möglich ist – weitgehend schimpansengerechtes Leben fernab jeder Zurschaustellung eines üblichen Zoos führen zu können. In der
Institution leben elf weitere Schimpansen sowie 80 andere Affen –
Gibbons, Paviane, Kapuzineraffen, Meerkatzen, Tamarine u. v. m.
–, die aus schlechter Haltung befreit wurden.

Im Tierpark Nadermann und auch in den über 600 deutschen
Zoos und Tierparks gibt es Tausende weitere Tierhaltungen, die
noch immer nicht den neuen Richtlinien entsprechen und als pure
Tierquälerei zu bezeichnen sind. Eine aufwändige Rettungskam-
pagne wie im Fall der beiden Schimpansen Kaspar und Uschi ist
nur exemplarisch möglich, um der Öffentlichkeit die Missverhält-
nisse aufzuzeigen. Doch selbst bei Einhaltung der neuen Richtlinien sind die Haltungsbedingungen der Tiere in Zoos alles andere

als tiergerecht, denn sie sind in keiner Weise geeignet, die hohen Ansprüche der Tiere zu erfüllen. Daher ist das grundsätzliche Meiden von Zoos die einzige Möglichkeit, das Leid aller Tiere mittelfristig zu beenden.

Quellen:

[135] *YouGov Deutschland AG (2015): Tiere für Viele ein Grund, nicht in den Zirkus zu gehen.* https://yougov.de/news/2015/12/16/tiere-fur-viele-ein-grund-nicht-den-zirkus-zu-gehe/ *(05.03.2016).*

[136] *Staatsanwaltschaft Osnabrück: Az. NZS 860 Js 8861/11.*

[137] *WDR Studio Münster (2015): Zoo zieht Bilanz.* www1.wdr.de/studio/muenster/nrwinfos/nachrichten/studios156892.html *(30.12.2015).*

[138] *PETA Deutschland e.V. (2015): Auffangstation für die Nadermann-Schimpansen!* www.peta.de/nadermann *(06.03.2016).*

DIE JAGD IN DER LANDESGESETZGEBUNG

BESCHRÄNKUNGEN NEHMEN ZU

Baden-Württemberg

Das im November 2014 verabschiedete neue Jagd- und Wildtiermanagementgesetz Baden-Württemberg trat im April 2015 in Kraft.[139] Demnach sind die Jagd mit Totschlagfallen, die Baujagd am Naturbau und der Abschuss von Hunden und Katzen weitgehend verboten.

Nordrhein-Westfalen

Nach dem bis ins Jahr 2015 anhaltenden Novellierungsprozess des Landesjagdgesetzes Nordrhein-Westfalen wurde das neue ökologische Jagdgesetz im April 2015 verabschiedet und rechtskräftig.[140] Die Jagd mit Totschlagfallen sowie der Abschuss von Hunden und Katzen sind somit weitgehend verboten, die Baujagd ist nur noch in Ausnahmefällen zulässig. Ebenso ist es untersagt, Enten zur Jagdhundeausbildung flugunfähig zu machen sowie Jagdhunde am lebenden Fuchs in Schliefenanlagen auszubilden.

Hessen

Das Jahr 2015 war geprägt vom Gesetzgebungsprozess einer neuen Jagdverordnung in Hessen. Die Debatten der zuständigen Gremien im Ministerium für Umwelt, Klimaschutz, Landwirtschaft und Verbraucherschutz wurden von Protesten der Jäger auf der einen, der Natur- und Tierschützer auf der anderen Seite begleitet. Im Zuge dessen haben sich neun Verbände[141] aus dem Tierschutz/Tierrecht und Naturschutz zusammengeschlossen, um sich gemeinsam für mehr Tier- und Naturschutz im hessischen Jagdrecht einzusetzen. Im Dezember 2015 trat die Verordnung mit wesentlichen Einschränkungen der Jagdzeiten einiger Tierarten in Kraft: u. a. mehrmonatige Schonzeit für Füchse, verkürzte Jagdzeiten von Waschbär, Steinmarder und Marderhund, ganzjährige Schonzeit von Baummarder, Iltis, Hermelin und Mauswiesel, Aussetzung der Jagd einiger Vogelarten (u. a. Blässhuhn und Türkentaube) zunächst bis Ende 2019.

Thüringen

Wie im Koalitionsvertrag der rot-rot-grünen Landesregierung fest-gelegt, startete der offene Diskussionsprozess über das Thüringer Jagdgesetz. Im Ministerium für Infrastruktur und Landwirtschaft wurde im November 2015 zum Auftakt eine Veranstaltung mit Im-pulsvorträgen und anschließender Podiumsdiskussion mit Vertre-tern verschiedener Interessengruppen, u. a. aus den Bereichen Jagd, Naturschutz und Forstwirtschaft, abgehalten.[142]

Befriedung von Grundstücken

Anschließend an das Jahr 2014 haben immer mehr Grundstücks-eigentümer die Befriedung ihrer Grundstücke erfolgreich in erster Instanz durchgesetzt.[143,144] In 2015 verbuchten Jagdgegner einen weiteren Erfolg vor dem Verwaltungsgericht Münster. Eine Grund-stückseigentümerin klagte 2014 gegen die zuständige Behörde, denn ein rechtmäßiger Antrag auf Befriedung ihres Grundstücks wurde wegen angeblich nicht ausreichender ethischer Motive ab-gelehnt. Das Verwaltungsgericht Münster bestätigte die Rechts-widrigkeit des Ablehnungsbescheides im Oktober 2015 und stellte ausdrücklich fest: „Eine Ablehnung aus ethischen Gründen liegt vor, wenn die Ablehnung der Jagd Ausdruck einer persönlichen Überzeugung und Gewissensentscheidung ist. [...] Angesichts des Wesens einer Gewissensentscheidung verbietet sich eine Dif-ferenzierung und Wertung nach richtig und falsch, vielmehr muss die jeweils individuelle, auf Gewissensgründe gestützte Entschei-dung so, wie sie dargelegt wird, hingenommen werden. Entschei-dend ist, dass die diesbezügliche Überzeugung ein gewisses Maß an Kraft, Kohärenz und Bedeutung besitzt, mithin einen gewissen Grad von Entschiedenheit, Geschlossenheit und Wichtigkeit er-reicht, somit tief verankert ist und deshalb in einer demokratischen Gesellschaft Respekt verdient." Der zuständigen Behörde wurde auferlegt, die Grundstücke der Klägerin ab dem 1. April 2016 zu jeweils jagdrechtlich befriedeten Bezirken zu erklären.[145]

Die Jagd in der öffentlichen Kritik

Parallel zu den Diskussionen in Hessen bezüglich der neuen Jagd-verordnung veranstaltete Hessens Ministerpräsident Volker Bouf-fier am 4. November 2015 eine Gesellschaftsjagd im Forst des

Kreises Groß-Gerau. Zu der vom hessischen Umweltministerium zum wiederholten Mal organisierten ca. 22.000 Euro teuren Veranstaltung wurden rund 120 ausgewählte Gäste aus Verbänden, dem Jagdwesen und der Politik eingeladen. Zahlreiche Verbände kritisierten die Zusammenkunft scharf und forderten die Landesregierung auf, die Veranstaltung abzusagen.[146,147,148] Auch Die Linke beantragte im Landtag, die staatlich organisierten Gesellschaftsjagden in Hessen zu unterlassen.[149] Die Verbände Animal First e.V., PETA Deutschland e.V. und Tierrecht EU21 e.V. kündigten jeweils Kundgebungen vor Ort an.[150,151,152] Die Gesellschaftsjagd fand schließlich unter dem Protest von rund 100 Tierschützern statt, die die etwa 40 anwesenden Jagdgäste mit Trillerpfeifen, Megafonen und Transparenten vor dem Jagdschloss Mönchbruch empfingen.[153] PETA erstattete zudem Strafanzeige gegen die Jagdteilnehmer sowie Volker Bouffier als Initiator der Veranstaltung.[154,155]

Im November 2015 teilte die Stadt München mit, insgesamt 100 Füchse im Rahmen einer veterinärmedizinischen Untersuchung auf den Fuchsbandwurm fangen und töten zu wollen. Aufgrund von Protesten – u. a. des Tierschutzvereins Münchens, der Grünen-Stadträte sowie der Tierrechtsorganisation PETA – wurde das Vorhaben eingestellt.[156,157]

In Nordrhein-Westfalen geriet im August 2015 ein Präsidiumsmitglied des Landesjagdverbandes (LJV) unter Verdacht, illegal Jagd auf geschützte Greifvögel gemacht zu haben. Das Komitee gegen den Vogelmord e.V. informierte die Polizei über die illegalen Greifvogelfallen in dem Jagdrevier des Mannes. Gegen den Jäger wurde ein Strafverfahren eingeleitet.[158] In einem weiteren Fall von illegaler Jagd auf Greifvögel wurde ein Jäger zu einer Strafe von 3.000 Euro verurteilt und musste seinen Jagdschein abgeben. Der Fall wurde bereits 2013 zur Anzeige gebracht.[159] In Nordrhein-Westfalen wurden seit 2005 mehr als 450 Fälle illegaler Verfolgung von Greifvögeln festgestellt – als Täter sollen immer wieder Taubenzüchter und Jäger in Erscheinung treten.[160]

Anschließend an das Jahr 2014[161] übte PETA mit exemplarischen Strafanzeigen auch 2015 Druck auf die Jägerschaft aus. Unter anderem stellte die Tierrechtsorganisation Strafanzeige gegen Jäger, die in Klausdorf innerhalb weniger Stunden 50 Höckerschwäne töteten.[162] Auch bei den Anwohnern sowie dem Bürgermeister stieß die Tötungsaktion der Tiere auf große Empörung.[163] Im November

2015 erstattete PETA wegen illegaler Betreibung zweier Jagdgatter im schleswig-holsteinischen Sachsenwald Strafanzeige gegen die Familie von Bismarck.[164] Ebenso ging die Tierrechtsorganisation gegen die Betreiber einer Schliefenanlage in Oeding mit juristischen Mitteln vor – insbesondere gegen den Vorsitzenden des Vereins, der gleichzeitig „Fachbereichsleiter Natur und Umwelt" bei der Kreisverwaltung Borken sein soll. Eine Spaziergängerin entdeckte die Anlage, in der sich ein verletzter Fuchs befand.[165] Mit Beschluss vom 25.11.2015 hat die Staatsanwaltschaft Münster Zweigstelle Bocholt das Verfahren wegen des fehlenden Tatverdachts einer Straftat eingestellt und den Fall mit dem Verdacht des Vorliegens einer Ordnungswidrigkeit an die Verwaltungsbehörde Borken abgegeben.[166] Gegen den Fachbereichsleiter wurde unabhängig eine dienstrechtliche Prüfung eingeleitet.[167]

Quellen:

[139] *PETA Deutschland e.V. (2015): Tierrechtsreport 2015. Recherchen, Tierquälereien und rechtliche Entwicklungen in Deutschland. Stuttgart: BoD.*

[140] *Vgl. ebd.*

[141] *animal public e.V., Bund gegen Missbrauch der Tiere e.V., Deutsche Juristische Gesellschaft für Tierschutzrecht e.V., ETN – Europäischer Tier- und Naturschutz e.V., Landestierschutzverband Hessen e.V., Menschen für Tierrechte - Bundesverband der Tierversuchsgegner e.V., PETA Deutschland e.V., TASSO e.V., Wildtierschutz Deutschland e.V.*

[142] *Thüringer Ministerium für Infrastruktur und Landwirtschaft (2015): Jagd-Dialog heute gestartet. Akteure kamen auf Einladung des Ministeriums im Thüringer Landtag zusammen. http://www.thueringen.de/th9/tmil/presse/pm/87686/ (10.03.2016).*

[143] *PETA Deutschland e.V. (2015): Tierrechtsreport 2015. Recherchen, Tierquälereien und rechtliche Entwicklungen in Deutschland. Stuttgart: BoD.*

[144] *Initiative zur Abschaffung der Jagd: Fälle von Grundstückseigentümern. http://www.zwangsbejagung-ade.de/faelle-von-grundstueckseigentuemern/ baden-wue-flaechen-eines-bio-landwirts-jagdfrei/index.html (08.03.2016).*

[145] *Verwaltungsgericht Münster: Urteil vom 30.10.2015. Az. 1 K 1488/14.*

[146] *PETA Deutschland e.V. (2015): Pressemeldung: Hessens Ministerpräsident richtet tierschutzwidrige Gesellschaftsjagd aus: PETA fordert Bouffier auf, die Veranstaltung abzusagen. 27.10.2015. Stuttgart. http://www.peta.de/hessens-ministerpraesident-richtet-tierschutzwidrige-gesellschaftsjagd-aus-peta (10.03.2016).*

[147] *TASSO e.V. (2015): TASSO e.V. fordert Abschaffung der Gesellschaftsjagd des hessischen Ministerpräsidenten. http://www.tasso.net/Tierschutz/News/ Archiv/2015/TASSO-fordert-Abschaffung-der-Gesellschaftsjagd (10.03.2016).*

[148] *Bund der Steuerzahler Hessen e.V. (2015): Pressemeldung: Bouffiers*

Gesellschaftsjagd abblasen! 20.10.2015. Wiesbaden. http://www.steuerzahler-hessen.de/Bouffiers-Gesellschaftsjagd-abblasen/67624c78483i1p214/index.html *(10.03.2016).*

[149] *von Bebenburg, Pitt (2015): Gegenwind für Bouffier und seine Jäger. In: Frankfurter Rundschau.* http://www.fr-online.de/rhein-main/jagd-mit-bouffier-gegenwind-fuer-bouffier-und-seine-jaeger,1472796,32287944.html *(08.03.2016).*

[150] *Animal First e.V. (2015):* https://www.facebook.com/permalink.php?story_fbid=7645500426988354&id=107645022678901 *(10.03.2016).*

[151] *Tierrecht EU21 e.V. (2015):* https://www.facebook.com/events/1709887145897886/ *(10.03.2016).*

[152] *PETA Deutschland e.V. (2015): Termineinladung: „Jagd ist Tiermord – Gesellschaftsjagd stoppen!" / PETA-Aktion gegen tierschutzwidrige Gesellschaftsjagd des hessischen Ministerpräsidenten, 4. November 2015, 8:15 – 9:00 Uhr. 02.11.2015. Stuttgart.* http://www.peta.de/termineinladung-jagd-ist-tiermord-gesellschaftsjagd-stoppen-peta-aktion *(10.03.2016).*

[153] *dpa (2015): Bouffier wegen Jagd in Kritik: Zu teuer, zu tierfeindlich. In: ZDF Heute.* http://www.heute.de/bouffier-in-hessen-wegen-jagd-in-kritik-zu-teuer-zu-tierfeindlich-40838920.html *(08.03.2016).*

[154] *PETA Deutschland e.V. (2015): Pressemeldung: Gesellschaftsjagd des hessischen Ministerpräsidenten: PETA erstattet Strafanzeige gegen Teilnehmer sowie Volker Bouffier als Initiator der Veranstaltung. 17.11.2015. Stuttgart.* http://www.peta.de/gesellschaftsjagd-des-hessischen-ministerpraesidenten-peta-erstattet *(10.03.2016).*

[155] *Anmerkung: Mit Beschluss vom 2. Februar 2016 der Staatsanwaltschaft Darmstadt wurde das Verfahren mangels Anfangsverdacht einer strafbaren Handlung eingestellt.*

[156] *Kettinger, Natalie/Kleber, Irene (2015): Abschuss von 100 Tieren geplant. Die Stadt bläst zum Halali: Jetzt droht ein Fuchs-Massaker. In: Abendzeitung München.* http://www.abendzeitung-muenchen.de/inhalt.abschuss-von-100-tieren-geplant-die-stadt-blaest-zum-halali-jetzt-droht-ein-fuchs-massaker.8edbfdd1-40c8-4121-a1a1-c1c207596caa.html *(08.03.2016).*

[157] *nk (2015): Erschießungen wegen Fuchsbandwurm. Fuchs-Massaker: Der Widerstand wächst. In: Abendzeitung München.* http://www.abendzeitung-muenchen.de/inhalt.erschiessungen-wegen-fuchsbandwurm-fuchs-massaker-der-widerstand-waechst.49f96912-f9d3-4246-952f-f5a10d77ef0c.html *(08.03.2016).*

[158] *Vornholt, Robert (2015): Machte Jäger-Funktionär in Albersloh illegal Jagd auf Greifvögel? In: Westfälischer Anzeiger.* http://www.wa.de/nordrhein-westfalen/machte-jaeger-funktionaer-albersloh-illegal-jagd-greifvoegel-5361466.html *(08.03.2016).*

[159] *Kalus, Thomas (2015): Mit Fallen gegen Greifvögel. Geldstrafe für Jäger. In: Westdeutscher Rundfunk Köln.* http://www1.wdr.de/nachrichten/rheinland/greifvogel-falle-jagd-102.html *(08.03.2016).*

[160] *Komitee gegen den Vogelmord e.V. (2015): Pressemeldung: Illegale Greifvogelfalle in Albersloh - LJV-Jagdfunktionär unter Verdacht. In: news aktuell GmbH. 19.08.2015. Bonn.* http://www.presseportal.de/pm/7154/3100473 *(08.03.2016).*

[161] *PETA Deutschland e.V. (2015): Tierrechtsreport 2015. Recherchen, Tier-*

quälereien und rechtliche Entwicklungen in Deutschland. Stuttgart: BoD.
[162] PETA Deutschland e.V. (2015): Pressemeldung: Klausdorf bei Stralsund: Jäger töten mehr als 50 Höckerschwäne – PETA erstattet Strafanzeige. 03.12.2015. Stuttgart. http://www.peta.de/klausdorf-bei-stralsund-jaeger-toeten-mehr-als-50-hoeckerschwaene-peta-erstattet (10.03.2016).
[163] Reik, Anton (2015): Jäger erschießen mehr als 50 Schwäne. Auf dem Besitz eines Landwirtes haben Waidmänner über mehrere Stunden Höckerschwäne gejagt. In: Ostseezeitung. http://www.ostsee-zeitung.de/Vorpommern/Stralsund/Jaeger-erschiessen-mehr-als-50-Schwaene (08.03.2016).
[164] PETA Deutschland e.V. (2015): Pressemeldung: Tierschutzwidrige Jagdpraktiken der Familie von Bismarck: PETA erstattet Strafanzeige wegen Verstoßes gegen das Tierschutzgesetz. 25.11.2015. Stuttgart. http://www.peta.de/tierschutzwidrige-jagdpraktiken-der-familie-von-bismarck-peta-erstattet (10.03.2016).
[165] PETA Deutschland e.V. (2015): Pressemeldung: Verletzter Fuchs in Schliefenanlage: PETA erstattet Strafanzeige gegen Mitglieder der Foxterriergruppe Oeding-Westfalen-West e.V. 23.10.2015. Stuttgart. http://www.peta.de/verletzter-fuchs-in-schliefenanlage-peta-erstattet-strafanzeige-gegen (10.03.2016).
[166] Staatsanwaltschaft Münster, Zweigstelle Bocholt: Verfügung vom 25.11.2015. Az. 540 Js 1694 / 15.
[167] Nitsche, Christiane (2015): Schliefenanlage in Oeding. Roland Schulte unter Beschuss. In: Münsterland Zeitung. http://www.muensterlandzeitung.de/staedte/suedlohn/Schliefenanlage-in-Oeding-Roland-Schulte-unter-Beschuss;art982,2851463 (08.03.2016).

PFERDE ALS SPORTGERÄTE

EINE UNBELEHRBARE CLIQUE VON TIERQUÄLERN

Seit einigen Jahren beschäftigen sich PETA und andere Tierrechtler zunehmend mit dem Thema Pferdesport. Fakt ist, dass gemäß von PETA ausgewerteten Statistiken jedes Jahr mindestens 300 Pferde, die bei Galopp- und Trabrennsportveranstaltungen eingesetzt wurden, frühzeitig sterben – darunter Dutzende Tiere, die nach einem Unfall oder einer auftretenden Verletzung noch auf der Rennbahn getötet werden. So geschehen beispielsweise beim Lebacher Pferderennen im September 2015, als der 2009 geborene Wallach Vale of Lingfield bei einer Laufgeschwindigkeit von rund 60 Km/h stürzte und sich ein Bein brach. Er wurde noch auf dem Gelände erschossen. Jockeychampion Kirsten Schmitt, dreifache Gewinnerin des Lebacher Rennens und Zuschauerin bei dieser Veranstaltung, sagte dazu lapidar: „Das ist nicht schön, aber es kann immer passieren, leider."[168]

Die zahlreichen von Reitern und Verbänden billigend in Kauf genommenen toten Tiere verdeutlichen, dass die Pferde für Geld, Prestige und Ehrgeiz als Sportgeräte missbraucht und über ihre natürliche Belastungsgrenze hinaus angetrieben werden. Dabei wird systematisch gegen § 3 des Tierschutzgesetzes verstoßen, denn es ist verboten, einem Tier Leistungen abzuverlangen, denen es „offensichtlich nicht gewachsen ist oder die offensichtlich seine Kräfte übersteigen." Angesichts der vielen toten Pferde jedes Jahr dürfte klar sein, dass es sich dabei nicht um einzelne tragische Unfälle handelt, wie es die Pferdesportlobby glauben machen will.

Neben der permanenten Todesgefahr gehört es jedoch auch zum Alltag von Pferden in der Rennindustrie, dass während der Rennen wiederholt mit der Peitsche auf sie eingeschlagen wird und dass sie durch den Einsatz von Zungenbändern, Ohrenstöpseln und Scheuklappen gefügig gemacht werden. Die Tiere sind durch die Gebisse und Bänder oft derart zusammengeschnürt, dass sie wie Marionetten nichts anderes mehr tun können, als zu gehorchen oder alternativ Schmerzen im Mundbereich zu erleiden.

Dabei handelt es sich nicht um Einzelfälle. Bei einem Pferderennen auf der Galopprennbahn in Köln-Weidenpesch im Oktober 2015 wurde die Stute Firefly von einem Pferdepfleger misshandelt. Augenzeugen zufolge scheute sich das nervöse und verängstigte Tier davor, in die Startbox geführt zu werden. Der Pfleger versuchte minutenlang, die Stute durch ruckartiges Ziehen am Zaumzeug unter Kontrolle zu bringen. Durch die wiederholt kräftigen Ruckbewegungen wurde Firefly durch das im Mundraum eingebrachte Gebiss so schwer verletzt, dass sie schließlich stark aus dem Mund blutete. Die Zunge war Zeugen zufolge angeschwollen und dunkelrot verfärbt. Insgesamt wurde das Tier etwa 15 Minuten misshandelt – eine Beschwerde der Zuschauer bei der Rennleitung wurde abgewiesen. PETA hat Strafanzeige gegen den Verantwortlichen erstattet. Auf der Galopprennbahn in Köln und auf anderen Rennbahnen werden Pferde immer wieder mit roher Gewalt gegen ihren Willen in die Startboxen gezwungen, wie erschütternde Foto- und Filmdokumentationen deutlich zeigen.[169]

Fallstudie: Das Duhner Wattrennen

Auf dem Wattboden in Cuxhaven findet jedes Jahr im Sommer das Duhner Wattrennen statt. PETA hat im Vorfeld der Trab- und Galoppveranstaltung im Jahr 2015 Strafanzeige gegen bestimmte Beteiligte des Vorjahresrennens erstattet. Eine Whistleblowerin hatte der Tierrechtsorganisation Bildmaterial des Rennens aus dem Vorjahr zur Verfügung gestellt, auf dem deutlich diverse Tierquälereien zu erkennen sind. PETA sowie unabhängige und renommierte Pferdeexperten haben das Material ausgewertet. Tierquälerei sind vor allem die Zäumung und die tierschutzwidrigen Gebisse, die den Pferden angelegt wurden, aber von Rennleitungen in ganz Deutschland toleriert werden. Diese fügen den Tieren durch die mechanische Gewalteinwirkung erhebliches Leiden zu. Auch die von der Rennleitung ausdrücklich tolerierten Peitschenschläge zeugen von einer rücksichtslos auf Leistung ausgerichteten Einstellung gegenüber den sensiblen Fluchttieren.

Der angesehene Pferdeexperte und Fachbuchautor Dr. Gerd Heuschmann beschreibt in einer Stellungnahme, was die Pferde auf dem Duhner Wattrennen in Cuxhaven erleiden, als „jenseits der Grenze des Akzeptablen". Der Veterinärmediziner kommt hinsichtlich des durch PETA vorgelegten Bildmaterials zu folgendem Schluss: „Die Zäumung auf den Fotos ist als absolut tierschutzwidrig zu bewerten. Hier findet mechanische Kontrolle der Tiere unter Gewalteinwirkung statt. [...] Es ist skandalös, dass es im Pferdesport keine Handlungsrichtlinien gibt, die diese haarsträubenden qualvollen Methoden verbieten."

Auch der ehemalige Rennbahntierarzt und Fachtierarzt für Pferde, Dr. Maximilian Pick, äußert sich zu PETAs Fotodokumentation: „Diese Gebisse sind Tierquälerei pur, paradoxerweise jedoch laut Trabrennordnung erlaubt. Zudem wurde die Zunge bei manchen Pferden am Unterkiefer tierquälerisch angebunden und ist durch die Abschnürung bereits dunkelblau angelaufen. Ohrstöpsel, Blender und Scheuklappen behindern die Sicht und akustische Wahrnehmung der Tiere. Das Schlimmste ist, dass die so zusammengeschnürten, panischen Pferde,[sic!] dann auch noch mit der Peitsche rücksichtslos bis zu dreimal geschlagen werden dürfen."

Nach der Strafanzeige hat der zuständige Oberstaatsanwalt im Dezember 2015 in einer vorläufigen Stellungnahme mitgeteilt, dass Anhaltspunkte für Tierquälerei vorlägen. Ein Gutachten durch das Niedersächsische Landesamt für Verbraucherschutz und Lebensmittelsicherheit (Laves) soll voraussichtlich 2016 Ausmaß und Verantwortlichkeit offenlegen.[170] Die Verantwortlichen vor Ort, wie beispielsweise der Rennverein, das Landratsamt und der Cuxhavener Oberbürgermeister als Schirmherr des Rennens, streiten jegliches Tierleid ab.

Es ist bezeichnend, dass die Organisatoren des Duhner Wattrennens die Veranstaltung auf ihrer eigenen Internetseite mit einem Vergleich zum blutigen Stierhatzfestival in Pamplona und zum vielfach kritisierten Hundeschlittenrennen in Alaska bewarben. Bei beiden Events leiden und sterben jedes Jahr viele Tiere. Nach PETAs Kritik wurde dieser Vergleich von der Website gelöscht und ist derzeit nur noch auf Internetseiten zu finden, die die Veranstaltung bewerben.[171]

Europameisterschaften in Aachen: Die tierquälerische Rollkur wird weiterhin angewandt

Im August 2015 fanden die Europameisterschaften in fünf Disziplinen des Pferdeleistungssports in Aachen statt. Wieder dabei: Matthias Rath mit Totilas. Nicht nur, dass er das Pferd in den Wettbewerb ritt, obwohl Totilas unter einem entzündlichen Ödem litt und – auch für Laien sichtbar – lahmte; Rath praktizierte auch wieder die Rollkur. Daher erstattete PETA am 18.08.2015 bei der Staatsanwaltschaft Aachen Strafanzeige gegen Rath und andere wegen des Verdachts der Tierquälerei im Wiederholungsfall.[172] Ähnlich brutal ging der ehemalige Totilas-Trainer Edward Gal mit seinem Pferd Undercover um. Er ritt das Tier sowohl beim Warmreiten als auch beim Wettkampf selbst nicht nur mit der Hyperflexion (Rollkur), sondern stresste Undercover so sehr, dass er sich auf die Zunge biss und aus dem Mund blutete. Auch hier leitete die Staatsanwaltschaft Aachen infolge einer Strafanzeige von PETA ein Ermittlungsverfahren wegen des Verdachts der Tierquälerei ein.[173]

Quellen:

[168] *ros/red (2015): Schock für Publikum und Reiter. In: Saarbrücker Zeitung. http://www.saarbruecker-zeitung.de/saarland/dillingen/lebach/lebach/Lebach-Galopprennen-Jockeys-Pferderennsport;art446437,5892833 (05.03.2016).*

[169] *Höffken, Peter (2015): Pferderennen sind Tierquälerei – oder doch nicht? Veganblog. http://www.veganblog.de/2015/04/pferderennen-sind-tierquaelerei-oder-doch-nicht-eine-bilderserie/ (05.03.2016).*

[170] *Auf Einladung des Niedersächsischen Ministeriums für Ernährung, Landwirtschaft und Verbraucherschutz fand hierzu am 11.03.2016 ein umfangreiches Fachgespräch mit PETA statt.*

[171] *CUX Tourismus GmbH (2015): Das Glück der Erde liegt manchmal auf dem Meeresgrund. http://www.duhnen.de/duhner-wattrennen.html (05.03.2016).*

[172] *Staatsanwaltschaft Aachen: Az. 605 Js 1488/15.*

[173] *Staatsanwaltschaft Aachen: Az. 605 Js 1497/15.*

PFERDEKUTSCHEN AM PRANGER

TIERQUÄLEREIEN UND SCHWERE UNFÄLLE AN DER TAGESORDNUNG

2015 endete mit einem traurigen Negativrekord: Nachdem 2014 bereits ein Höchststand verzeichnet wurde, kam es 2015 in Deutschland, Österreich und der Schweiz bei 67 Unfällen mit insgesamt 142 teils schwer Verletzten sowie fünf Toten zu deutlich mehr Verunglückten als im Vorjahr. Zudem kamen elf Pferde ums Leben, davon sieben in Deutschland. Weitere elf Tiere erlitten Verletzungen. In Deutschland ereigneten sich mit vier toten und 114 verletzten Menschen bei 51 Unfällen wieder mit Abstand die meisten Unglücke – hinsichtlich der Zahl der Toten und Verletzten ebenfalls ein neuer Negativrekord.[174]

Die hohe Anzahl an Unfällen und Opfern hat zwei Ursachen: Zum einen ist es geradezu absurd, ausgerechnet das Fluchttier Pferd auf Straßen und Wegen einzusetzen. Bei dem überwiegenden Anteil der 67 Unfälle im Jahr 2015 war ein Geräusch oder eine ähnliche schreckauslösende Situation die Ursache für die Panik der Pferde. Zum anderen haben die mittelalterlichen Gefährte nichts im modernen Straßenverkehr zu suchen. Während für Kraftfahrzeuge höchste Sicherheitsstandards gelten, dürfen Kutschen noch wie im Mittelalter über Straßen traben. Die häufig schweren Verläufe der Unfälle mit vielen Verletzten sind auch auf die fehlenden Sicherungsvorrichtungen wie Gurte und Airbags sowie mangelhafte Beleuchtung und unzureichende Bremssysteme zurückzuführen.

PETA hat sich daher Anfang 2015 mit der eindringlichen Bitte, ein Verbot von Pferdekutschen zumindest auf Kraftfahrstraßen zu erlassen, an das Bundesverkehrsministerium gewandt. Doch das Ministerium lehnte dies mit der Begründung ab, ein Verbot sei nicht verhältnismäßig, da die Unfallzahl im Vergleich zu Pkws nicht sehr hoch sei. Ein Vergleich mit den Unfallzahlen aus dem Kraftfahrzeugbereich ist jedoch nicht zielführend, denn die Sicherheit motorisierter Fahrzeuge wird im Gegensatz zu Pferdekutschen ständig weiterentwickelt und aktuellen Standards angepasst. So werden aus einem falsch verstandenen Traditionsbewusstsein unnötige und zum Teil verheerende Unfälle billigend in Kauf genommen.

PETA warnt nicht nur aus Sicherheitsgründen seit Jahren davor, Pferdekutschen zu nutzen. Ein Verbot ist auch aus Tierschutzsicht notwendig. Insbesondere für Touristengespanne in den Innenstädten müssen die Tiere oft stundenlang bei Winterkälte oder Sommerhitze im lauten und gefährlichen Straßenverkehr auf hartem Asphalt stehen oder die schweren Kutschen ziehen – häufig bis zur völligen Erschöpfung. Eine tiergerechte Lebensweise wird Pferden vor Kutschen verwehrt.

Im Mai brach in der Görlitzer Innenstadt ein vor eine Touristenkutsche gespanntes Pferd tot zusammen.[175] Immer wieder werden vor Fuhrwerke gespannte Huftiere bis zum „bitteren Ende" ausgenutzt. In Berlin (2008) und München (2013) starben ebenfalls Pferde vor Touristenkutschen, viele weitere konnten nur mit großer Mühe wieder aufstehen. Insbesondere für den Fremdenverkehr müssen die Tiere unter oftmals extremen Wetterbedingungen ein schweres Gewicht ziehen. Das Laufen auf hartem Boden verursacht schmerzhafte Beinprobleme und Scheuklappen behindern ihre Sicht. Im gefährlichen Stadtverkehr inhalieren die Herdentiere den ganzen Tag Abgase und Rauch. Städte wie London, Tel Aviv und Paris haben den Einsatz kommerzieller Pferdekutschen bereits untersagt. Im Juni 2015 entschied dann auch das oberste Gericht in Mumbai (Indien), dass Pferdekutschen in der Millionenmetropole innerhalb eines Jahres abgeschafft werden sollen. Die Vorfügung folgte nach jahrelanger Kampagnenarbeit der Tierrechtsorganisation PETA Indien und weiterer Organisationen.

Insbesondere in Berlin regt sich der Protest von Tierschützern, da auf den Straßen der Hauptstadt besonders viele Touristenkutschen unterwegs sind. Die mageren Richtlinien sind in keiner Weise als tierschutzkonform zu bezeichnen; trotzdem verstoßen die Kutscher ständig gegen das anspruchslose Regelwerk. Die Anzahl der eingeleiteten Ordnungswidrigkeitsverfahren war auch 2015 auf einem hohen Niveau – ein Beleg dafür, dass die Kutscher überhaupt kein Interesse am Wohlergehen ihrer Tiere haben, solange sie „funktionieren".[176]

Der Widerstand in Berlin wächst: Ein Verbot der tierschutzwidrigen Gespanne – zumindest im Innenstadtbereich – wird nun auch offen in der Politik und in den Medien diskutiert.[177] Im September protestierten Tierfreunde der Organisation Aktion Fair Play mit Unterstützung des Berliner PETA ZWEI-Streetteams am Brandenburger Tor für ein Verbot von Pferdekutschen in der Hauptstadt. Ende Dezember kam es am Brandenburger Tor in Berlin zu einem Unfall mit einer Pferdekutsche, bei dem ein Kind leicht verletzt sowie zwei Autos und ein Kinderwagen beschädigt wurden. PETA wandte sich daraufhin erneut an die Fraktionen im Berliner Abgeordnetenhaus.

Quellen:
[174] *PETA Deutschland e.V. (2016): Unfälle mit Pferdekutschen in Deutschland. www.peta.de/Pferdekutschenunfaelle (05.03.2016).*
[175] *Mopo24 (2015): Hier bricht ein Pferd auf offener Straße tot zusammen. In: Mopo24. https://mopo24.de/nachrichten/unfall-pferd-kutsche-goerlitz-7201 (05.03.2016).*
[176] *dpa/AP/mim (2015): Bezirk Mitte erwägt Verbot von Pferdekutschen. In: Berliner Morgenpost. http://www.morgenpost.de/berlin/article205485393/Bezirk-Mitte-erwaegt-Verbot-von-Pferdekutschen.html (05.03.2016).*
[177] *Vgl. ebd.*

PONYKARUSSELLS

DURCHBRUCH GEGEN DIE PFERDESCHINDEREI

2015 markierte das Jahr des Umbruchs im Bestreben der Tierrechtler und -schützer, die tierquälerischen Ponykarussells endlich in die Geschichtsbücher zu verbannen. Noch immer werden die sensiblen Tiere auf lauten Jahrmärkten und eiskalten Weihnachtsmärkten dazu gezwungen, stundenlang im Kreis zu laufen. Tag für Tag, Jahr für Jahr. Darunter leidet nicht nur der Bewegungsapparat, sondern angesichts dieser stumpfsinnigen Eintönigkeit auch die Psyche der Tiere. Den Anfang machten nach jahrelanger Überzeugungsarbeit von PETA und lokalen Tierfreunden und Gruppierungen die Betreiber der großen Düsseldorfer Rheinkirmes im Juni. Sie erklärten, künftig keine Ponykarussells mehr zuzulassen. Diesem Schritt folgten in den darauffolgenden Monaten Stadtverwaltungen, Ratsversammlungen oder Kirmesbetreiber u. a. in Duisburg, Coburg, Schweinfurt, Neuss, Andernach, Konstanz und Dachau, die der Tierschinderei ebenfalls einen Riegel vorschoben.

Die Betreiber berufen sich auf die Einhaltung der Richtlinien, doch gibt es für Ponykarussells keine eigenen Richtlinien oder Vorschriften. Die einzige Vorgabe ist die Einhaltung einer Pause alle vier Stunden, in der die Ponys für eine Stunde abgesattelt werden müssen. Doch diese Leitlinie ist einerseits rechtlich nicht verbindlich, andererseits kann dies kein Veterinäramt überprüfen, da hierfür eine Anwesenheit von über vier Stunden erforderlich wäre. Das leistet kein Veterinäramt in Deutschland. Das Veterinäramt in Stuttgart beispielsweise attestiert den Ponykarussellbetreibern auf den Wasen-Volksfesten trotz Beschwerden von PETA seit Jahren die Einhaltung der Richtlinien. In einer aufwändigen Recherche hat PETA daher im April/Mai 2015 die Einhaltung der Pausenzeiten bei den beiden Ponykarussellbetreibern mittels ganztägiger Beobachtungen an zwei Volksfesttagen dokumentiert. Ergebnis: Es gab überhaupt keine Pausen für die Ponys, weder nach vier Stunden noch zu einem anderen Zeitpunkt. Die Tiere mussten von mittags bis abends im Kreis laufen. Eine Anzeige gegen die Betreiber an das Stuttgarter Veterinäramt blieb ergebnislos, was der Behörde eine Platzierung in PETAs jährlichem Ranking der tierfeindlichsten Veterinärämter Deutschlands einbrachte.

Auch die deutliche Mehrheit der Bevölkerung lehnt Ponykarussells ab: Eine repräsentative GfK-Umfrage im Auftrag von PETA ergab im August 2015, dass rund zwei Drittel der Deutschen die Nutzung von Ponys in Karussells als nicht tiergerecht empfinden. Nur 13 Prozent glauben hingegen, die Ansprüche der Tiere würden ausreichend erfüllt. Lediglich 19 Prozent aller Befragten sind der Ansicht, dass Ponykarussells weiterhin auf Jahr- und Weihnachtsmärkten zugelassen werden sollten, während sich rund 59 Prozent für ein Verbot aussprechen. *PETA.de/mediadb/GfK-Umfrage-Ponykarussel-08.2015.pdf*

So wundert es nicht, dass Tierfreunde 2015 zahlreiche Protestveranstaltungen bei Kirmesveranstaltungen durchgeführt haben, um die Besucher aufzuklären und Druck auf die Veranstalter auszuüben. Es ist nur eine Frage der Zeit, bis diese Tierquälerei endlich überall abgeschafft ist – 2015 war ein wichtiges Übergangsjahr dafür.

DELFINARIUM NÜRNBERG

EINE PRESSEKONFERENZ ALS GESTÄNDNIS

Nachdem PETA 2011 durch eigene Untersuchungen nachgewiesen hatte, dass Salzwasser aus der neu errichteten Delfinlagune in die Umgebung – noch dazu in ein geschütztes Biotop – abgeflossen ist und ca. 60 Bäume zum Absterben gebracht hatte, erstattete die Tierrechtsorganisation umfangreiche Strafanzeigen, die zu Strafermittlungsverfahren und zwei Durchsuchungen durch Polizei und Justiz führten, die dennoch im Laufe des Jahres 2014 eingestellt, aber infolge einer Beschwerde auf Weisung der Generalstaatsanwaltschaft Nürnberg wieder aufgenommen wurden.[178] PETA erhöhte den Druck im Laufe des Jahres 2015 mit immer neuen Presseverlautbarungen und Aktenauswertungen so stark, dass Mitte 2015 eine dritte Razzia in den Räumlichkeiten der Stadt Nürnberg stattfand, dieses Mal auch im Hochbauamt. PETAs Vorwurf gegen ganz konkrete Personen lautete, dass nicht nur die Delfine unter dem zwischenzeitlich abgesenkten Wasserspiegel und den sich ständig ändernden ph- und Salzwerten leiden würden, sondern dass die Umweltverschmutzung durch das Auslaufen des Salzwassers entgegen den Aussagen des Tiergartendirektors Dr. Dag Encke nicht gestoppt worden sei, sondern anhalte. Auch verlangte PETA die sofortige Schließung der Lagune, da baulicherseits keine andere Lösung bestand, die ständigen Abflüsse des Salzwassers in die Umgebung zu stoppen. Die Verantwortlichen der Stadt und auch der Tiergartendirektor selbst lehnten diese Vorschläge und Appelle der PETA-Experten brüsk ab und diffamierten PETA in den örtlichen Medien.

Doch die Behauptungen der Verantwortlichen ließen sich nicht mehr aufrechterhalten. Interne Untersuchungen und Berechnungen zwangen die Stadt Nürnberg und den Tiergarten dazu, tatsächlich einen „Salto rückwärts" in der bisherigen Abwiegelungspolitik zu vollziehen, zumal die Staatsanwaltschaft zum dritten Mal per Durchsuchungsbeschluss im Hochbauamt stand. Zum 28.07.2015 wurde zu einer Pressekonferenz eingeladen, die die Datenlage zu den Salzwasserfrachten und die Maßnahmen zur Behebung der Umweltverseuchungen zum Inhalt hatte. In Diagrammen wurde präsentiert, dass sich die Chloridkonzentrationen an den Grundwassermessstellen entgegen den ursprünglichen Zusicherungen des Tiergartendirektors und unter Bestätigung eines von der Staatsanwaltschaft Nürnberg-Fürth in Auftrag gegebenen Offizialgutachtens dramatisch gesteigert hatten und dass sie jahrelang über den Grenzwerten der Trinkwasserverordnung lagen. Klar zum Ausdruck kam, dass die nahezu einzige Maßnahme des Tiergartens, den Wasserspiegel in der Lagune zunächst um 7,5 cm, dann um 12,5 cm und letztendlich um 17,5 cm zu senken, nicht ausreichte, um die Umweltverschmutzung zu beenden.

Die Verantwortlichen dieses tierschutz- und baurechtlichen Desasters im Tiergarten Nürnberg, Dr. Dag Encke, Bürgermeister Christian Vogel und die Leiterin des Hochbauamtes, Petra Waldmann, räumten weiterhin ein, dass die Delfinlagune tatsächlich in Teilen geschlossen werden müsste, um die millionenschweren Bauarbeiten durchführen zu können. Zusätzlich müsste das alte Delfinarium für über eine Million Euro wieder ertüchtigt werden.[179]

Neben den Straftaten rund um die Delfinlagune hat PETA 2015 auch Strafanzeige wegen der Tötung eines Pavians ohne vernünftigen Grund erstattet. Das Kriminalfachdezernat 4 Nürnberg ist mit den Ermittlungen beschäftigt.[180]

Quellen:
[178] *PETA Deutschland e.V. (2015): Tierrechtsreport 2015. Recherchen, Tierquälereien und rechtliche Entwicklungen in Deutschland. Stuttgart: BoD.; Staatsanwaltschaft Nürnberg-Fürth/Generalstaatsanwaltschaft Nürnberg/ Bayerisches Staatsministerium der Justiz: Aktenkonvolut Az. 753 UJs 113696/12 – 3 Zs 974/14 – E 1402 E II – 5137/15.*
[179] *Nachrichten aus dem Rathaus (2015): Pressemeldung: Delfinlagune: Schadensbilanz und Lösungskonzept. 28.07.2015. Nürnberg. https://www.nuernberg.de/presse/mitteilungen/presse_43605.html (08.04.2016).*
[180] *Staatsanwaltschaft Nürnberg-Fürth: Az. 422 Js 43493/15.; Kriminalfachdezernat 4 Nürnberg: Tgb.-Nr. BY5740-003828-15/1.*

TIERISCHE MITBEWOHNER

HEIMTIER- UND EXOTENHANDEL

VERKAUFSSCHLUSS BEI OBI UND REWE-TOOM

In Deutschlands Wohnzimmern werden über 33 Millionen Tiere als „Haustiere" gehalten. Allein die Anzahl an Kleinsäugern wie Meerschweinchen, Kaninchen, Mäusen und Hamstern hat sich innerhalb von etwa zwölf Jahren um ca. ein Drittel auf rund 7,6 Millionen Tiere erhöht. Zusätzlich leben ungefähr 3,7 Millionen Vögel in deutschen Haushalten. Hinzu kommen etwa 0,8 Millionen Terrarien und 2,1 Millionen Aquarien, wobei die tatsächliche Anzahl dieser Tiere nur geschätzt werden kann.[181]

Eine mehrmonatige Recherche in den Zuchtanlagen für Tiere, die für den deutschen Heimtiermarkt „produziert" werden, brachte erschütternde Ergebnisse zutage.[182] PETA-Ermittler fanden viele Tausend Meerschweinchen, Hamster, Kaninchen, Vögel, Ratten und Mäuse in völlig überfüllten Käfigen oder winzigen Plastikboxen, die Regal über Regal aufeinandergestapelt waren. Unzählige Tiere mussten inmitten ihrer eigenen Ausscheidungen leben. Die Tiere wurden derart vernachlässigt, dass ein großer Teil von ihnen schon tot war, verdurstete oder Verletzungen und Erkrankungen aufwies. Verweste Tierleichen wurden – mitten unter ihren lebenden Artgenossen – einfach liegen gelassen. Bei vielen Tieren, einschließlich Vögeln und Hamstern, führte der Stress dieser engen und intensiven Gefangenschaft zu Kannibalismus. In einer der größten Zuchteinrichtungen fanden die Ermittler zahlreiche Gefriertruhen voller toter Tiere, die offensichtlich den erbärmlichen Bedingungen zum Opfer gefallen waren. Auch die Leichen der Tiere, die als Reptilienfutter gezüchtet und getötet wurden, sind zu Tausenden abgepackt darin gelagert.

Sowohl kleine Zoofachhändler als auch große Ketten wie hagebaumarkt, Fressnapf, Dehner, Das Futterhaus, Raiffeisenmarkt und Zoo & Co. beziehen diese Tiere mittels zwischengeschalteter Großhändler aus grauenvollen Zuchtanlagen in den Niederlanden, Tschechien und Deutschland.

Ahnungslosen Kunden wird im Einzelhandel allerdings vielfach vorgetäuscht, die Tiere würden von lokalen Züchtern oder aus guten Verhältnissen stammen. Daher haben die Ermittler zusätzlich die Bedingungen bei regionalen „kleinen Züchtern" dokumentiert, die als Lieferanten für den Zoohandel identifiziert wurden. Die dortigen Zustände waren ähnlich grausam und lebensverachtend wie bei den großen Massenzuchten. Der aufgedeckte Missbrauch der Tiere ist kein Einzelfall, sondern zeigt die charakteristischen Bedingungen der „Kleintierproduktion" für den deutschen Heimtiermarkt – der vermutete Marktanteil beträgt etwa 30 bis 50 Prozent.

Bei den Undercover-Recherchen in etwa 15 Zucht- und Großhandelsbetrieben wurden dutzendfach Verstöße gegen das Tierschutzgesetz dokumentiert. Gegen insgesamt elf Züchter und Großhändler aus Deutschland und den Niederlanden wurde Strafanzeige erstattet – bereits mit Erfolg. Gegen den Meller Tierhändler Dennis G. wurde wegen vier Verstößen gegen das Tierschutzgesetz bei der Unterbringung von Mäusen, Ratten, Hamstern und Meerschweinchen ein Bußgeldbescheid erlassen.[183]

Seit dem Frühjahr 2015 haben sich viele Prominente innerhalb einer großangelegten PETA-Kampagne gegen den Verkauf von Tieren in OBI-Baumärkten engagiert, darunter beispielsweise der Sänger Thomas D. und das Model Ariane Sommer. Dank der überwältigenden Unterstützung aus der Bevölkerung – in nur wenigen Tagen unterzeichneten mehr als 50.000 Menschen eine ins Leben gerufene Onlinepetition – gab OBI im August 2015 bekannt, sich komplett aus dem Kleintierverkauf zurückzuziehen.[184,185] Als Reaktion auf die grausamen Missstände in der Heimtierzucht gaben im September 2015 auch die toom-Baumärkte bekannt, den Verkauf von Kleinsäugern und Vögeln zu beenden.[186]

Diese Entwicklungen sind aus Tierrechtssicht außerordentlich begrüßenswert – nicht zuletzt vor dem Hintergrund der unzähligen heimatlosen Tiere. Jedes Jahr werden rund 300.000 Tiere in deutschen Tierheimen abgegeben oder ausgesetzt. Allein die Zahl sogenannter Exoten, die in Tierheimen auf ein neues Zuhause warten, ist zwischen 2005 und 2009 um 167 Prozent angestiegen. Bei den Kleintieren stieg die Anzahl der Tiere um 60 Prozent, bei Vögeln um 44 Prozent an.[187] Einer Hochrechnung des Deutschen Tierschutzbundes zufolge mussten innerhalb von nur fünf Jahren etwa 30.000 Reptilien von deutschen Tierheimen aufgenommen werden.[188] Nur die konsequente Eindämmung der Zucht und des Handels mit Tieren kann langfristig zur Lösung des Problems der Überpopulation beitragen.

Quellen:

[181] *Werner, Malte/Gerdes, Anne (2014): Die Tierzählung. In: DIE ZEIT, Nr. 21/2014. http://www.zeit.de/2014/21/infografik-nutztiere-haustiere-zootiere (15.05.2014).*

[182] *PETA Deutschland e.V. (2015): Das unfassbare Leid der Tiere im deutschen Heimtierhandel. http://heimtierhandel.petadeutschland.de/ (28.02.2016).*

[183] *Landkreis Osnabrück: Rechtskräftiger Bußgeldbescheid vom 22.10.2015. Az. 10.9-01 TSCH BU 2015/77.*

[184] *Stötzel, Jennifer (2015): Nach Peta-Kampagne. Baumarktkette Obi stoppt Kleintier-Verkauf. In: Mitteldeutsche Zeitung. http://www.mz-web.de/panorama/nach-peta-kampagne-baumarktkette-obi-stoppt-kleintier-verkauf,20642226,31392454.html (05.08.2015).*

[185] *OBI Group Holding SE & Co. KGaA (2015): Pressemeldung: OBI unterstützt nicht den Verkauf von Kleintieren. August 2015. Wermelskirchen. http://www.obi.com/de/company/de/Presse_und_Neues/mitteilungen/aktuell/201508.html (08.04.2016).*

[186] *Bittner, Philipp (2015): Keine Kleintiere bei toom. Nach Verhandlungen mit PETA Deutschland schließt mit toom nach Obi die zweite Baumarktkette ihr Kleintiersegment. In: enorm Magazin. http://enorm-magazin.de/keine-kleintieren-bei-toom (28.02.2016).*

[187] *Werner, Malte/Gerdes, Anne (2014): Die Tierzählung. In: DIE ZEIT, Nr. 21/2014. http://www.zeit.de/2014/21/infografik-nutztiere-haustiere-zootiere (15.05.2014).*

[188] *Deutscher Tierschutzbund e.V. (2014): Pressemeldung: Neue Tierheimstudie: Immer mehr Reptilien in deutschen Tierheimen. 19.06.2014. Bonn.*

QUALZUCHT PUR

Das Verwaltungsgericht Berlin entschied mit dem Urteil vom September 2015, dass die Zucht sogenannter „Sphynx-Katzen" (auch Nacktkatzen genannt) gegen das Qualzuchtverbot des § 11b Abs. 1 Nr. 1 Tierschutzgesetz verstößt.[189] Dem lag ein Fall zugrunde, in dem die Klägerin Canadian-Sphynx-Katzen hält und züchtet. Die Tiere haben aufgrund einer Genveränderung keine funktionsfähigen Tasthaare. Nach dem Tierschutzgesetz ist es u. a. verboten, Wirbeltiere zu züchten, wenn zu erwarten ist, dass als Folge der Zucht bei den Nachkommen

- erblich bedingt Körperteile oder Organe für den artgemäßen Gebrauch fehlen oder untauglich oder umgestaltet sind und hierdurch Schmerzen, Leiden oder Schäden auftreten,
- mit Leiden verbundene erblich bedingte Verhaltensstörungen auftreten,
- jeder artgemäße Kontakt mit Artgenossen bei ihnen selbst oder einem Artgenossen zu Schmerzen oder vermeidbaren Leiden oder Schäden führt oder
- die Haltung nur unter Schmerzen oder vermeidbaren Leiden möglich ist oder zu Schäden führt.

Das Veterinäramt Berlin-Spandau untersagte der Klägerin auf dieser Grundlage die Zucht und forderte sie auf, den von ihr gehaltenen Kater Willi kastrieren zu lassen. Die hiergegen gerichtete Klage der Züchterin wurde nach Einholung und Erörterung eines tierfachärztlichen Gutachtens abgewiesen. Tasthaare sind ein wichtiges Sinnesorgan, das der Orientierung und der Kommunikation der Katzen dient. Daher ist deren Fehlen als Schaden und Leiden anzusehen. Das Verfahren ist in der Berufungsinstanz vor dem Oberverwaltungsgericht Berlin-Brandenburg anhängig.

So begrüßenswert dieser Fall ist, so wirft er doch nur einen schmalen Lichtkegel auf ein breites Feld, das weit über die Qualzuchtproblematik bei Katzen – aber auch bei Tieren insgesamt – hinausgeht und in erster Linie Bedeutung für Abermillionen Tiere in der „Nutztier"industrie in Deutschland hat, die zielgerichtet und rücksichtslos zu Hochleistungseier-, Fleisch- oder Milchmaschinen gezüchtet und als solche missbraucht werden und denen hierdurch hemmungslos Schmerzen und Leiden zugefügt werden – und das unter der Geltung des gesetzlichen Qualzuchtverbots.

Unstreitig gilt das gesetzliche Verbot der Qualzucht in gleichem Maße für sogenannte Heimtiere wie für sogenannte landwirtschaftliche Nutztiere, d. h., es ist nicht möglich, an die Züchtung von Tieren, die der landwirtschaftlichen Produktion dienen, einen weniger strengen Maßstab anzulegen als in der sogenannten Heimtierzucht.[190]

Dennoch: Wie in kaum einem anderen Bereich der Tierhaltung wird geltendes Recht mit der Qualzucht durch Tierhalter und deren Helfershelfern, den Vertragstierärzten, derart systematisch und vorsätzlich unter den Augen der Veterinärbehörden gebrochen und massive und flächendeckende Tierquälerei vorsätzlich als Mittel zur Gewinnmaximierung eingesetzt. Daran hat weder das Verbot aus § 11 b TierSchG noch das von einer Sachverständigengruppe im Auftrag des BMEL im Juni 1999 vorgelegte Gutachten zur *(http:// www.bmel.de/cae/servlet/contentblob/631716/publicationFile /35840/Qualzucht.pdf)* Auslegung von § 11b TierSchG (vulgo: Qualzuchtgutachten) noch der in Hessen dazu herausgegebene Erlass etwas geändert, der eine Auswahl von 24 verbotenen Zuchtmerkmalen enthält, die vorrangig als vollzugsrelevant angesehen werden, weil sie in besonderem Maße zur Auslösung tatbestandsmäßiger Defekte geeignet sind und sich zudem schon durch einfache Inaugenscheinnahme des Zuchttiers feststellen lassen. All diese verbindlichen und unverbindlichen Instrumente werden beharrlich ignoriert – sowohl vor als auch nach Implementierung des Staatsziels Tierschutz in das Grundgesetz.

Für die Tatbestandsmäßigkeit des gesetzlichen Qualzuchtverbots wäre es ausreichend, wenn ein einzelner Schmerz, ein einzelnes Leiden oder ein einzelner Schaden eintritt. Diese müssen weder erheblich noch länger anhaltend sein. Ausreichend sind z. B. geringfügige zuchtbedingte Gleichgewichts- oder Stoffwechselstörungen, erst recht natürlich Störungen bei der Fortbewegung, beim artgemäßen Nahrungserwerbs- oder Sozialverhalten, bei der Fortpflanzung o. Ä.[191]

Für Verstöße gegen das Qualzuchtverbot gibt es, anders als bei der Tiertötung, auch keine Rechtfertigung durch einen „vernünftigen Grund". Soweit es sich um Qualzuchten handelt, kann auch kein hohes menschliches oder wirtschaftliches Interesse die Züchtung rechtfertigen.[192]

Die Realität beweist, dass aber das genaue Gegenteil der Alltag in der Produktion tierischer Erzeugnisse ist: „Nutztiere" werden seit Jahrzehnten auf einseitige Höchstleistungen gezüchtet.

Beispielhaft sei dies kurz für die sogenannten Milchkühe, Legehennen und Mastputen skizziert:

Die durchschnittliche jährliche Milchleistung einer Kuh lag im Jahr 1900 bei 2.165 und im Jahr 2013 bei 7.352 Litern. Damit einhergehend steigen die Erkrankungsraten hinsichtlich schmerzhafter Euterentzündungen, Mastitis, Erkrankungen der Klauen und der Gebärmutter und des Verdauungssystems – während einer Laktationsperiode ist u. U. mehr als die Hälfte der Kühe in einem Betrieb von einer oder mehreren der genannten Erkrankungen betroffen.[193]

Bei der Zucht von Legehennen sind die vorrangigen Zuchtziele eine hohe Eizahl und ein hohes Eigewicht. Die durchschnittliche Legeleistung von Hennen wurde von 118 Eiern im Jahr 1955 auf 296 Eier im Jahr 2012 gesteigert. Dies führt u. a. zu Erkrankungen der Legeorgane; die Eileiterentzündung wird auch als „Berufskrankheit der Legehennen" bezeichnet.[194] Hinzu kommt u. a. Osteoporose, weil die Knochen als Reservoir des zur Eischalenbildung benötigten Kalziums entmineralisiert werden. Folgen sind Knochenweiche und Knochenbrüche.[195]

Die Zucht von Puten auf hohes Endgewicht und Überbetonung der Brustmuskulatur führt dazu, dass sich das Gewicht eines 50 Gramm schweren Tieres innerhalb von 22 Wochen um mehr als 400 Prozent auf 23 Kilogramm steigert[196] und 85 bis 97 Prozent aller Tiere zum Mastende keine normale Beinstellung mehr und dadurch Fortbewegungsprobleme haben[197]; Erkrankungen des Herz-Kreislauf-Systems sind die Regel und äußern sich in Aortenrupturen und Herztod, weil das Wachstum der inneren Organe nicht mit dem der Muskeln Schritt halten kann.

Die Liste könnte schier endlos weitergeführt werden: über die Zucht sogenannter Mastrinder, -schweine und -hühner, Muttersauen, Masthühnerelterntiere etc., die nicht weniger Schmerzen, Leiden und Schäden verursacht als die dargestellten Qualzuchtformen, die landwirtschaftlicher Alltag sind und der konsequenten behördlichen Verfolgung bedürfen, die PETA seit Jahren neben öffentlichkeitswirksamen Kampagnen und Undercover-Recherchen auch durch beharrliche Anzeigeerstattungen – allein in 2015 ca. zehn – betreibt.

Quellen:
[189] *Verwaltungsgericht Berlin: Urteil vom 23.09.2015. Az. 24 K 202.14.*
[190] *Herzog, A. (1997): Abschließende Betrachtung zum Thema Tierschutz und Tierzucht. In: Tierschutz und Tierzucht, S. 245. Nürtingen: DVG.*
[191] *Hirt/Maisack/Moritz: Kommentar zum Tierschutzgesetz, 3. Auflage, § 11b Rn. 5.*
[192] *Lorz/Metzger: Kommentar zum Tierschutzgesetz, 3. Auflage, § 11b Rn. 5.*
[193] *Martens, H. (2011): Mehr Milch pro Kuh. Leistung und Leistungsgrenzen aus der Sicht eines Physiologen. 178, 179. TUM.*
[194] *Hirt/Maisack/Moritz: § 11b, Rn. 30.*
[195] *Prof. Dr. agr. habil. Hörning, Bernhard (2013): ‚Qualzucht' bei Nutztieren – Probleme und Lösungsansätze. Gutachten im Auftrag der Bundestagsfraktion Bündnis 90/DIE GRÜNEN, S. 9, 10. Berlin.*
[196] *Richter, Thomas (2006): Geflügelhaltung. In: Krankheitsursache Haltung: Beurteilung von Nutztierställen – Ein tierärztlicher Leitfaden. S. 198. Stuttgart: Enke.*
[197] *Oester, H./Fröhlich, E./Hirt, H.: Wirtschaftsgeflügel. In: Sambraus, Hans H./Steiger, Andreas (1997) (Hrsg.): Das Buch vom Tierschutz. S. 209. Stuttgart: Enke.*

DIE ALLTÄGLICHE TIERQUÄLEREI

WHISTLEBLOWING NACHGEFRAGT

„Ein Whistleblower (von engl.: to blow the whistle, ‚in die Pfeife blasen'; im deutschen Sprachraum auch ‚Enthüller', ‚Skandalaufdecker' oder ‚Hinweisgeber') ist eine Person, die für die Allgemeinheit wichtige Informationen aus einem geheimen oder geschützten Zusammenhang an die Öffentlichkeit bringt. Dazu gehören typischerweise Missstände oder Verbrechen wie Korruption, Insiderhandel, Menschenrechtsverletzungen, Datenmissbrauch oder allgemeine Gefahren, von denen der Whistleblower an seinem Arbeitsplatz oder in anderen Zusammenhängen erfährt. Im Allgemeinen betrifft dies vor allem Vorgänge in der Politik, in Behörden und in Wirtschaftsunternehmen [...]"[198]

Whistleblower sind auch für die Tierrechtsarbeit wichtig, um Tierquälerei aufzudecken. Ohne Hinweise aus der Bevölkerung bliebe viel Tierleid im Dunkeln. Durch Whistleblower konnte PETA bereits sehr viele Missstände aufdecken, an die Öffentlichkeit bringen und beheben.

Wer sind die Whistleblower?

Whistleblower sind Menschen, die in der Tierausbeutungsbranche wie der agrarindustriellen Tierproduktion, Schlachthöfen u. a. arbeiten. Whistleblower sind Spaziergänger, die zufällig vernachlässigte Tiere auf einer Weide entdecken. Sie sind diejenigen, die es nicht mehr mit ansehen können, wenn der Nachbar seine Hunde quält. Whistleblower sind Menschen, die Tierleid entdecken und beschließen, dass sie helfen wollen, da sie nicht mehr schweigend akzeptieren können, was sie sehen. Jeder Meldende kann sich darauf verlassen, dass sein Anliegen vertraulich behandelt wird. Whistleblower, die sich an PETA wenden, werden niemals gegenüber Behörden bekannt gegeben, wenn sie dies nicht wünschen. Dafür nimmt die Tierrechtsorganisation auch Sanktionen von Justizbehörden in Kauf.

Whistleblowermeldungen 2015

Im Jahr 2015 erreichten PETA insgesamt **3.240 Meldungen** zu Tiermissbrauch und Tierquälerei in allen Sparten. Von den systembedingten Tierquälereien in der Intensivtierhaltung, Animal Hoarding in Privathaushalten, Hunden, die ihr Dasein an einer Kette fristen müssen bis hin zu Tieren, die ihr Leben in illegal aufgestellten Schlagfallen lassen mussten, grausamer Tierquälerei in den sozialen Netzwerken u. v. m. In über der Hälfte der Fälle konnte PETA den Tieren helfen, sodass sich ihre Lebensumstände verbesserten. In einigen Fällen konnten auch großartige Erfolge verzeichnet werden.

Hier einige Auszüge aus dem Jahr 2015:

Hundehalter gibt vernachlässigtes Tier nach Kontrollen ab

Februar 2015 – Nachdem ein Whistleblower PETA im Dezember 2014 eine verwahrloste Hündin in einem verdreckten Zwinger in Talheim meldete, informierte die Tierrechtsorganisation das zuständige Veterinäramt in Heilbronn. Die Behörde kontrollierte die Haltung mehrmals. Daraufhin gab der Hundehalter das Tier ab. Die Adresse des neuen Halters liegt dem Veterinäramt vor.

Vernachlässigtes Pony bei Köln gerettet

März 2015 – Nachdem ein Whistleblower PETA Anfang März ein einsames verwahrlostes Pony auf einem heruntergekommenen Grundstück in Rösrath meldete, informierte die Tierrechtsorganisation das zuständige Veterinäramt in Bergisch Gladbach. Die Behörde kontrollierte die Haltung umgehend und brachte das Tier aufgrund tierschutzrechtlicher Missstände im Rahmen des Sofortvollzugs anderweitig unter. Die Tierhalterin hat das Pony inzwischen an den Kreis abgetreten.

Geldbuße für Färber-Schlachthofleiter in Schefflenz

April 2015 – Nachdem verdeckte PETA-Ermittler grobe Tierschutzverstöße im Schefflenzer Färber-Schlachthof dokumentierten, erstattete die Tierrechtsorganisation im Mai 2014 Strafanzeige bei der Staatsanwaltschaft Mosbach. Der Neckar-Odenwald-Kreis erließ nach Abgabe an die zuständige Verwaltungsbehörde einen Bußgeldbescheid in Höhe von 500 Euro gegen den Betriebsleiter, der aktuell rechtskräftig wurde. Bei der Tötung von Schweinen hatten Arbeiter des Schlachthofs vielfach die vorgeschriebenen

Höchstzeiträume von 20 Sekunden zwischen Betäubung und Entblutungsschnitt durch die Kehle überschritten, sodass die Tiere beim Ausbluten teilweise das Bewusstsein wiedererlangten. Einer der Mitarbeiter hatte außerdem keinen bestandenen Sachkundenachweis.

Pleidelsheim (Kreis Ludwigsburg): Veterinäramt erteilt Kuhhalter strenge Auflagen

April 2015 – PETA-Ermittler dokumentierten auf einem Hof in Pleidelsheim verletzte Kühe, unhygienische Zustände und ein totes Rind im Stall. Die Tierrechtsorganisation erstattete Anzeige beim zuständigen Veterinäramt, woraufhin die Behörde dem Tierhalter Auflagen mit Sofortvollzug erteilte und Zwangsgeld androhte, sollten die Mängel in der Kuhhaltung nicht behoben werden. Außerdem wurden tierärztliche Behandlungen angeordnet.

Main-Kinzig-Kreis: Verwahrloste Hunde gerettet

August 2015 – Im Zuge einer Whistleblowermeldung zeigte PETA eine tierschutzwidrige Hundehaltung im Main-Kinzig-Kreis an. Drei verwahrloste und vernachlässigte Hunde wurden von der zuständigen Veterinärbehörde beschlagnahmt, in ein Tierheim gebracht und veterinärmedizinisch versorgt.

Tierquälerei geschieht täglich und weltweit, sowohl in Privathaushalten als auch in der industriellen Tierhaltung. Missstände im „privaten" Bereich lassen sich häufig relativ unkompliziert beheben. Oftmals hilft es bereits, den jeweiligen Tierhalter aufzuklären, da sich dieser nicht über das Unrecht bewusst ist, das er dem Tier antut. Auch eine Kontrolle des zuständigen Veterinäramts ist oft hilfreich, wenn dem Tierhalter Auflagen erteilt werden, die die Lebenssituation des Tieres verbessern.

Anders sieht es leider in der landwirtschaftlichen Tierhaltung aus. Die sogenannten Nutztiere haben in den Augen vieler Menschen noch weniger Rechte als tierische Mitbewohner oder eben jene Tiere, die Menschen als niedliches Kuscheltier betrachten. Das Tierschutzgesetz schützt jedoch alle Tiere als Individuen – ganz gleich, ob in der Intensivtierhaltung oder in der privaten Tierhaltung zu Hause. Die Tierquälerei in der Intensivtierhaltung ist systembedingt und kann niemals dahingehend verbessert werden, als dass Tiere artgerecht leben könnten.

Quellen:
[198] *Wikipedia (2016): Whistleblower.* https://de.wikipedia.org/wiki/Whistleblower (08.04.2016).

ANIMAL CRUSHING

UNFASSBARE TIERQUÄLEREIEN IM VERBORGENEN

Bei Animal Crushing handelt es sich um einen Fetisch, bei dem das Zertreten/Zermalmen/Zerstechen/Zerteilen von Tieren durch den Menschen im Vordergrund steht und den Tätern und Zuschauern unter anderem der sexuellen Befriedigung dient. Das World Wide Web ist voll von solch grausamen Videos, die meist anonym eingestellt werden. Doch es gelingen auch Identifizierungen der – meist weiblichen – Täter.

Im Zeitraum zwischen Februar 2010 bis August 2012 drehte eine junge Frau aus Houston, Texas, mehrere Videos, in denen zu sehen ist, wie sie Hundewelpen, Küken und Katzenjunge quält und tötet. Auf den Videos sticht und tritt sie – teilweise maskiert – wiederholt auf die Tiere ein, hackt ihre Gliedmaßen ab und uriniert sogar auf die sterbenden Wesen. In einer Videosequenz ist zu sehen, wie die Frau das Auge einer Katze mit dem Absatz ihres Stöckelschuhs zertritt.

Am 8. September 2015 gestand die heute 24-jährige Frau, die sogenannten Animal Crush Videos produziert und verbreitet zu haben. Die Täterin erhielt eine Freiheitsstrafe von zehn Jahren. Der 54-jährige Mann, der die grausamen Taten gefilmt hatte, wurde mittlerweile zu einer Freiheitsstrafe von 50 Jahren verurteilt. Ein historischer Schuldspruch, denn erstmals verurteilte ein amerikanisches Bundesgericht einen Täter unter Präsident Obamas Animal Crush Video Prohibition Act aus dem Jahr 2010.

Aber nicht nur in den USA, auch in Deutschland stellt dieser grausame, im Verborgenen ausgelebte Fetisch einiger Menschen ein Problem dar. Im Jahr 2015 gelang es PETA, diverse bis dato unbekannte Strafbefehle und Urteile zu diesem Thema ausfindig zu machen, die bislang so gut wie nicht veröffentlicht worden sind: Das Amtsgericht Schwetzingen verurteilte 2011 einen Mann, der in den Jahren 2006 bis 2010 in mindestens 14 Fällen Frauen dazu angestiftet hatte, sogenannte Animal Crushing Videos für ihn zu produzieren. Dabei ging er immer nach demselben Muster vor: Zunächst nahm er mithilfe verschiedenster Online-Messenger-Dienste unter fremden Namen Kontakt mit den Frauen auf.

Anschließend lockte er sie mit dem Versprechen, das Videomaterial gewinnbringend in die USA weiterzuverkaufen und sie dann am Gewinn zu beteiligen. In Wahrheit ließ sich der Täter das Bildmaterial aber tatsächlich einzig zur eigenen sexuellen Befriedigung zukommen und blieb den Frauen die versprochene Bezahlung stets schuldig. Bei ihm wurden insgesamt rund 4.000 Videoclips sichergestellt, auf denen das Animal Crushing dokumentiert worden war. Der Angeklagte hatte den gesondert verfolgten Frauen zum Teil explizite Vorgaben gemacht, wie die Tiertötungen stattzufinden und gedreht zu werden hatten. Dabei legte er großen Wert darauf, dass das Verenden der Tiere möglichst lange andauerte und auf den Videoaufnahmen auch explizit sichtbar sein sollte. Für besonders deutlich werdende Qualen bot er den Frauen sogar Extrazahlungen an. Die Tiere sollten zappeln; ihre Eingeweide und Augen sollten herausquellen; das Knacken der Knochen sollte deutlich auf den Videos zu hören sein. Ihm gelang es, über vier Jahre hinweg immer wieder Frauen für das Animal Crushing zu gewinnen. Der Mann wurde wegen der Anstiftung zur quälerischen Tiermisshandlung sowie der strafbaren Tiertötung zu einer Gesamtfreiheitsstrafe von zwei Jahren verurteilt, deren Vollstreckung zur Bewährung ausgesetzt wurde.[199]

Im Einzelnen verübten die durch ihn angestifteten Frauen, die über ganz Deutschland verteilt waren, u. a. die folgenden Taten, die in den Jahren 2010 bis 2012 auch gerichtlich geahndet wurden:

- Eine junge Frau aus Emsdetten tötete 2007 auf Anweisung des Anstifters hin diverse Tiere. Nachdem sie sich zunächst auf das Zertreten von Mehlwürmern beschränkt hatte, ging sie schließlich dazu über, zwei Kanarienvögel mit ihren High Heels zu zertreten, nachdem sie die Tiere zuvor mit Klebeband an den Flügeln auf einer Pappe fixiert hatte. Die Handlungen führte sie nach Absprache mit ihrem Freund durch, der den Tötungen beiwohnte. Sie wurde im Jahr 2011 durch das Amtsgericht Münster zu einer Geldstrafe von insgesamt 1.200 Euro verurteilt.[200]

- 2008 zertraten zwei Frauen auf Anweisung des Anstifters hin insgesamt 24 Mäuse, von denen sie 19 zuvor mit brennenden Zigaretten gequält hatten. Eine der Frauen – eine junge Studentin – zerquetschte im April 2008 zudem zwei Bartagamen, zwei Eidechsen sowie drei Geckos mit ihren Pumps und überfuhr wenige Tage später mehrere Mäuse gezielt mit ihrem Pkw. Beide

Täterinnen wurden zu Freiheitsstrafen verurteilt, deren Vollstreckung zur Bewährung ausgesetzt wurde. Die Studentin wurde im Jahr 2011 durch das Amtsgericht Lampertheim zu einer Gesamtfreiheitsstrafe von neun Monaten verurteilt,[201] gegen ihre Mittäterin wurde im Jahr 2012 eine Freiheitsstrafe von sieben Monaten verhängt.[202]

- Das Amtsgericht Mannheim erließ im Jahr 2011 einen Strafbefehl gegen eine Frau, die im November 2008 in insgesamt sieben Fällen Mäuse (ausgewachsene sowie neugeborene Tiere), Ratten, Hamster und Kaninchen mit ihren nackten oder beschuhten Füßen zerquetscht hatte. Sie wurde zu einer Freiheitsstrafe von neun Monaten verurteilt, deren Vollstreckung zur Bewährung ausgesetzt wurde.[203]

- Per Strafbefehl des Amtsgerichts Hildesheim aus dem Jahr 2010 wurden zwei Frauen zu einer Gesamtfreiheitsstrafe von je einem Jahr verurteilt. Die Frauen hatten im November 2009 gemeinsam etliche Tiere gequält und getötet: Sie zertraten mehrere Mäuse, nachdem sie diese zuvor an ihren Schwänzen mit Klebeband auf einer Unterlage fixiert hatten. Noch am selben Tag töteten die Täterinnen zwei Kaninchen, indem eine von ihnen zunächst mit einem Fuß und dann mit beiden Füßen auf das Tier trat, auf ihm herumwippte und schließlich massiv auf seinen Kopf trat. An den darauffolgenden Tagen zertraten sie weitere 50 Mäuse sowie vier Wellensittiche, deren Flügel sie vorab mit Klebeband auf einem Holzbrett fixiert hatten. Die Vollstreckung der Strafe wurde zur Bewährung ausgesetzt. Im Rahmen ihrer Bewährungszeit wurde den Täterinnen zudem aufgetragen, 250 Stunden gemeinnützige Arbeit zu leisten.[204]

- Im Jahr 2012 erließ das Amtsgericht Pirmasens Strafbefehle gegen ein junges Paar. Auf Anweisung des Anstifters hin tötete die junge Frau im Jahr 2009 in neun Fällen insgesamt 20 Mäuse, während ihr Lebensgefährte das Geschehen filmte. Die beiden wurden zu Geldstrafen verurteilt.[205]

- Das Amtsgericht Karlsruhe erließ einen Strafbefehl gegen eine Frau, die im Mai 2010 auf Anweisung des Anstifters insgesamt 30 lebende Goldfische „sichtbar grausam" mit ihren Füßen zertreten hatte. Diese Taten beging sie auf Anweisung des Anstifters und in dem Versprechen, für das Zur-Verfügung-Stellen des

Videomaterials 15.000 Euro von ihm zu erhalten. Die Frau wurde zu einer Geldstrafe von 1.500 Euro verurteilt.[206]

Im Urteil gegen den Anstifter wurden noch weitere vergleichbare Fälle der grausamen Tiertötung aufgeführt, wie z. B. das Zertreten einer etwa elf Wochen alten schwarzen Katze. Während der Tatdurchführung erhielt die Täterin online genaue Instruktionen des Anstifters über die gewünschte Art und Weise der Tötung. Eine andere Täterin verfolgte und quälte ein Huhn, indem sie die Beine eines der Tiere zusammengebunden hatte, das Tier durch den Raum verfolgte, es schlug und trat, bis sie sich schließlich auf den Kopf des Tieres stellte und diesen mit heftigen Drehbewegungen des Fußes zerquetschte, dabei aber immer wieder innehielt und das Tier für die Kamera leiden ließ.[207]

Bei den meisten Täterinnen handelte es sich um bislang nicht vorbestrafte, junge – teils heranwachsende – Frauen. Viele der Frauen gingen unter anderem auf die Vorschläge des Anstifters ein, weil sie sich einen wirtschaftlichen Vorteil durch Gewinnbeteiligung beim vorgegebenen Weiterverkauf des Filmmaterials erhofften.

Die Täterinnen wurden des Tatvorwurfs der strafbaren Tiertötung im Sinne des § 17 Nr. 1 TierSchG, in einigen Fällen auch der strafbaren rohen (§ 17 Nr. 2a) TierSchG) oder quälerischen (§ 17 Nr. 2b) TierSchG) Tiermisshandlung für schuldig befunden. Das Strafmaß des § 17 TierSchG reicht von einer Geldstrafe bis hin zu einer Freiheitsstrafe von bis zu drei Jahren.

Quellen:
[199] *Amtsgericht Schwetzingen: Urteil vom 21.12.2011. Az. 2 Ls 301 Js 11337/11.*
[200] *Amtsgericht Münster: Strafbefehl vom 06.09.2011. Az. 52 Ds-540 Js 951/11-408/11.*
[201] *Amtsgericht Lampertheim: Urteil vom 20.12.2011. Az. unbekannt.*
[202] *Amtsgericht Lampertheim: Urteil vom 22.05.2012. Az. unbekannt.*
[203] *Amtsgericht Mannheim: Strafbefehl vom 25.11.2011. Az. 22 Ds 301 Js 6186/11.*
[204] *Amtsgericht Hildesheim: Strafbefehle vom 05.05.2010. Az. unbekannt.*
[205] *Amtsgericht Pirmasens: Strafbefehle vom 09.01.2012. Az. 4372 Js 5185/11.*
[206] *Amtsgericht Karlsruhe: Strafbefehl. Az. Cs 510 Js 14371/11.*
[207] *Amtsgericht Schwetzingen: Urteil vom 21.12.2011. Az. 2 Ls 301 Js 11337/11, Ziff. 2 und 9.*

ALLGEMEIN

PETA ALS MARKE

TIERRECHTE IM SPANNUNGSFELD VON ORGANISATIONEN UND WIRTSCHAFT

Die Kommunikation von Tierrechten in Zusammenarbeit mit Wirtschaftsunternehmen ist ein maßgebliches Betätigungsfeld von PETA.

Immer, wenn tierrechtliche Inhalte von PETA oder hinsichtlich der Philosophie vergleichbaren Organisationen kommuniziert werden, geschieht dies mit dem Ziel der Festigung eines Bewusstseins für Tierrechte in der breiten Öffentlichkeit. Ob emotional oder rational betrachtet: Tierrechte sind ein ganzheitliches Konzept, das es nicht zulässt, nur in Teilbereichen für die Befreiung der Tiere zu argumentieren und darauf hinzuarbeiten. Im Gegenteil, die Thematik der Tierrechte findet sich in allen Bereichen des täglichen gesellschaftlichen Lebens. Daher erscheint es umso zentraler, dass die Kommunikation der Notwendigkeit von Tierrechten geschlossen stattfindet, ein klares Ziel verfolgt und die bestehenden und kommunizierten Ansichten und Leitsätze dadurch weiter festigt.[208]

Eine geschlossene Kommunikation ist somit auch zentraler Bestandteil der Tierrechtsarbeit zwischen Organisationen und Wirtschaft und bildet die Markenkommunikation der agierenden Organisation und des Unternehmens gleichermaßen. Markenkommunikation beantwortet im Idealfall die Frage, wofür eine Marke steht. Eine etablierte Marke erweckt ganz implizit die Erwartung verschiedener Eigenschaften, durch die sich Produkte oder (Dienst-)Leistungen einer Marke deutlich von anderen Marken unterscheiden lassen – Eigenschaften also, die eine Marke maßgeblich formen.[209] Bei Produkten können das beispielsweise ein bestimmtes Aussehen, ein bestimmter Geschmack oder eine bestimmte Emotion sein, die beim Konsum des Produkts erlebt wird. In der Tierrechtsarbeit erfolgt das Formen eines Markenbewusstseins besonders durch die Art und Weise der Kommunikation deutlicher Inhalte und klar definierter Ziele. Neben aufsehenerregenden Aktionen und reichweitenstarken Veröffentlichungen kann an dieser Stelle auch die Förderung und Zusammenarbeit mit der tierrechtskonformen veganen Konsumwirtschaft eine Rolle spielen. Denn auch Unternehmen können ein Bewusstsein für Tierrechte in ihre Markenkommunikation integrieren und eine Kaufentscheidung für ihr Produkt damit maßgeblich beeinflussen. Marken stehen letztendlich nicht nur für bestimmte qualitative Eigenschaften von Produkten und Leistungen und geben damit ein Versprechen an die Empfänger einer Markenkommunikation – die Identität einer Marke sendet auch Signale an die soziale Umwelt. Marken dienen nicht nur der Abgrenzung von anderen Produkten und Leistungen, sondern auch dem Selbstausdruck, der Selbstpräsentation und der Selbstbestätigung der Konsumenten.[210]

Durch freiwilligen Aktivismus werden Privatpersonen so zu Fürsprechern von Tierrechten und tragen die „Markenbotschaft" weiter. Doch neben dem bereits etablierten Aktivismus auf Personenebene wird auch die Zusammenarbeit zwischen Unternehmen und Organisationen, Aktivismus auf Wirtschaftsebene, zunehmend interessant, umfassend und wertvoll. PETA agiert dabei als Ansprechpartner für alle, die sich gemeinsam für Tierrechte engagieren möchten. Mit der Etablierung der Thematik Tierrechte in der Gesellschaft wächst auch das wirtschaftliche Interesse enorm.[211] Obgleich Unternehmen vegane Produkte entwickeln, sich kommunikativ oder finanziell in die Förderung eines Bewusstseins für Tierrechte einbringen – PETA unterstützt diese Entwicklungen und wird Tierrechte und Veganismus weiterhin auf allen Ebenen der Konsumwirtschaft fördern.

PETA hat die Zusammenarbeit auf Unternehmensebene auch im vergangenen Jahr weiter ausgebaut. Vor diesem Hintergrund konnten zahlreiche Kooperationen in sämtlichen Themenbereichen realisiert werden – Ernährung, Bekleidung, Kosmetik, Unterhaltung, tierische Mitbewohner sowie Klima- und Umweltschutz. Ganz gleich, ob Verlosungsaktionen und Produktfeatures, Informationsbeilagen, Präsentationen oder umfangreichere gemeinsame Co-Brandings und Kommunikationsmaßnahmen – jegliche Markenkommunikation erfolgte mit dem Ziel, die Thematik der Tierrechte auf Organisations- wie auf Unternehmenskanälen zu verbreiten und die Verfügbarkeit tierleidfreier Alternativen weiter zu etablieren und zu fördern. So sind im Jahr 2015 neben vielen von PETA vorgenommenen Kooperationen und Labelings besonders Barcoo, Greenpeace Energy, Gut Wudelstein, LeHA, Lioghi, Tofutown und Veganz hinzugekommen.

Mit gleichem Ziel bieten PETA USA und ihre Schwesterorganisationen auf internationaler Ebene auch standardisierte Labels an, durch die sich Produkte eindeutig als vegan und/oder tierversuchsfrei kennzeichnen lassen.

PETA-Approved Vegan

Um den Bekanntheitsgrad und die Verbreitung veganer Mode und veganer Accessoires zu fördern, setzt sich PETA in Zusammenarbeit mit Unternehmen der Modebranche kontinuierlich dafür ein, tierfreundliche Styles und Designs auf den Markt und in die Shops zu bringen. Um vegane Mode besser zu kennzeichnen, vergibt PETA ein kostenfreies Logo, das es tierfreundlichen Unternehmen ermöglicht, ihre veganen Modeartikel sowie ihr Engagement für die Tiere sichtbar hervorzuheben.

Mehr als 60 europäische Unternehmen verwenden bereits das Logo „PETA-Approved Vegan" [212], weit über 100 auf internationaler Ebene.[213]

Das Logo kann nach Lizenznahme mit Bezug auf die veganen Produkte des Unternehmens für alle Kommunikationsmaßnahmen verwendet werden.

Cruelty-Free und Cruelty-Free & Vegan

PETA listet auf **Kosmetik.PETA.de** alle Unternehmen, deren Produkte in Deutschland erhältlich sind und der Tierrechtsorganisation schriftlich versichert haben, dass sie keine Tierversuche durchführen oder in Auftrag geben. Unternehmen, deren Produktlinien zudem komplett vegan sind, werden gesondert gekennzeichnet.

Die entsprechenden Logos können nach Lizenznahme im Zusammenhang mit tierversuchsfreien und gegebenenfalls veganen Produkten des Unternehmens für alle Kommunikationsmaßnahmen verwendet werden.

Natürlich finden sich auch Labels anderer Organisationen. Gerade im Bereich Ernährung finden das V-Label der Europäischen Vegetarier Union, hierzulande vergeben durch den Vegetarierbund

Deutschland e.V. (VEBU), und das Label der britischen Vegan Society (auch Kosmetik und Kleidung), hierzulande vergeben durch die Vegane Gesellschaft Österreich, große Verbreitung im deutschen und europäischen Raum.[214] Unternehmen greifen allerdings auch immer wieder auf eigene Kennzeichnungen wie „vegetarisch" und „vegan" zurück. Vor dem Hintergrund gemeinsamer Markenkommunikation ist aber davon auszugehen, dass Labels auf Organisationsebene von einer höheren Glaubwürdigkeit durch Markenidentitätseffekte profitieren[215] und sich damit auch langfristig etablieren können.

Neben der expliziten Zusammenarbeit mit Unternehmen und Marken erkennt PETA Deutschland auch den besonderen Fortschritt in Bereichen der Tierrechtsthematik an.

Progress Award

Der PETA Progress Award wird jedes Jahr für hervorragende und innovative Leistungen in verschiedensten gesellschaftlichen Bereichen wie Literatur, Kultur, Wissenschaft, Gastronomie, Unterhaltung, Wirtschaft oder öffentliche Verwaltung verliehen. Die Gewinner aus dem vergangenen Jahr sind:[216]

EDEKAs Vegithek – tierfreundlichste „Fleischtheke"
BKK-ProVita – tierfreundlichste Krankenkasse
Erbils Royal Veggie Döner – tierfreundlichstes Franchise
Zentralverband des Deutschen Bäckerhandwerks e.V. zusammen mit der Akademie Deutsches Bäckerhandwerk Weinheim – tierfreundlichstes Rundschreiben eines Verbandes der Lebensmittelwirtschaft
Berlin Strength – tierfreundlichstes Fitnessstudio
Veganz – tierfreundlichste Produktpalette
Los Veganeros – tierfreundlichster Film
Noveaux – bestes neues veganes Medium
Vegman – tierfreundlichste App
Zutatencheck.de – tierfreundlichste neue Internetplattform
Gabriele Busse – tierisch gutes Kabarett
ProVegan – tierfreundlichster Zeckenschutz
NURMI-Study – tierisch wegweisende Studie

Vegan Fashion Award

Im Bereich Mode verleiht PETA Deutschland jährlich den Vegan Fashion Award. Die Auszeichnung kürt stylishe, innovative und tierleidfreie Mode in 12 Kategorien. Die trendigen Designs beweisen jedes Jahr aufs Neue, wie kreativ vegane Mode ist und inspirieren Designer verstärkt dazu, vegane Materialien einzusetzen. Die Gewinner aus dem vergangenen Jahr sind:

JAN `N JUNE – beste Designerinnen
Jonny's Vegan – beste Sneaker
FreiVon – beste Schuhe Damen
NOAH – beste Schuhe Herren
Mud Jeans – beste Outerwear Damen
ragwear – beste Outerwear Herren
wunderwerk – bestes Business Piece Damen
brainshirt – bestes Business Piece Herren
SAG + SAL – beste Handtasche Damen
corkor – beste Handtasche Herren
LUXAA – bestes Accessoire Damen
Project Graft Berlin – bestes Accessoire Herren

Die Marke PETA

PETA wird sich auch weiterhin dafür einsetzen, vegane und tierleidfreie Produkte zu fordern und zu fördern und sich weiterhin entschieden gegen tierische Produkte aussprechen.
Unternehmen, die tierleidfreie Produkte fördern, können ebenso wie Organisationen aus der gemeinsamen Kommunikation von Tierrechten profitieren. Nur durch eine weitreichende und gemeinsame Etablierung von Tierrechten durch gezielte Kommunikation vor dem Hintergrund einer „Marke für Tierrechte" kann Druck auf Wirtschaft und Politik ausgeübt werden und ein Paradigmenwechsel überhaupt stattfinden. In diesem Zusammenhang spricht auch die einschlägige Fachpresse nach dem ersten Erfolg der Kampagne zum Heimtierhandel von der „Macht der Marke PETA".[217] PETA wird auch weiterhin für Tierrechte in allen Bereichen der Konsumwirtschaft kämpfen, mit einem klaren und unverkennbaren Ziel: Tierrechte und Wirtschaft in Einklang zu bringen und das bestehende Spannungsfeld durch tierleidfreie Produkte Schritt für Schritt abzuschaffen.

Quellen:
[208] *PETA Deutschland e.V. (2014): Wofür PETA wirklich steht.*
   http://www.peta.de/wofuer-peta-wirklich-steht (08.04.2016).
[209] *Moser, Klaus (2007): Wirtschaftspsychologie. Berlin: Springer.*
[210] *Aaker, David A. (2012): Building Strong Brands. New York: Free Press.*
[211] *Institut für Handelsforschung (2016): Pressemeldung: Vegan-Boom: Kernmarkt der vegetarischen und veganen Lebensmittel wächst auf 454 Millionen Euro. 22.02.2016. Köln.*
   http://www.ifhkoeln.de/pressemitteilungen/details/vegan-boom-kernmarkt-der-vegetarischen-und-veganen-lebensmittel-waechst-auf-454-millionen-euro/ (11.03.2016).
[212] *PETA Deutschland e.V. (2016): „PETA-Approved Vegan" Logo.*
   http://www.peta.de/petaapprovedvegan (11.03.2016).
[213] *PETA USA (2016): 'PETA-Approved Vegan' Logo.*
   http://www.peta.org/living/fashion/peta-approved-vegan-logo/ (11.03.2016).
   214 Vgl. European Vegetarian Union: http://v-label.eu/about-v-label ;
   The Vegan Society: https://www.vegansociety.com/your-business/vegan-trademark-standards (11.03.2016).
[215] *Aaker, David A. (2012): Building Strong Brands. New York: Free Press.*
[216] *PETA Deutschland e.V. (2015): PETA Progress Awards 2015.*
   http://www.peta.de/progress-awards-2015 (08.04.2016).
[217] *Marschall, Dorit/Hanke, Thomas/Bialek, Catrin/Weishaupt, Georg (2015): Unternehmen unter Druck. Die Macht der Marke Peta. In: Handelsblatt.*
   http://www.handelsblatt.com/panorama/aus-aller-welt/unternehmen-unter-druck-die-macht-der-marke-peta/12160858.html (11.03.2016).

RELIGION UND TIERRECHTE

Im September 2015 startete PETA mit der neuen Kampagne „Christen für Tiere". Die Kampagne möchte sowohl die Christen als auch die Kirchen in Deutschland für das Thema Tierrechte sensibilisieren und aufzeigen, dass sich der Glaube und der Schutz der Tiere nicht widersprechen, sondern zusammengehören. „Christen für Tiere" wird von Beginn an von einer studierten katholischen Theologin betreut.

Dass PETA – als eine weltanschaulich-religiös neutrale Tierrechtsorganisation – eine Kampagne ins Leben gerufen hat, die sich im multireligiös geprägten Deutschland auf die christliche Religion fokussiert hat, mag zunächst verwundern. Ein Blick auf die Mitgliederzahlen zeigt jedoch, dass das Christentum eine nicht zu unterschätzende Zielgruppe für die Botschaft der Tierrechte darstellt: Laut dem Religionswissenschaftlichen Medien- und Informationsdienst e.V. (REMID) leben 23.939.472 Katholiken[218] und 23.040.392 Protestanten sowie knapp 1,7 Millionen Angehörige von Freikirchen und Sondergemeinschaften[219] in Deutschland. Des Weiteren ergab eine Umfrage von Zensus 2011, dass sich 3.047.600 Menschen in Deutschland zum Christentum bekennen, ohne jedoch Mitglied einer christlichen öffentlich-rechtlichen Religionsgesellschaft zu sein.[220] Die Zielgruppe umfasst somit insgesamt über 50 Millionen Christen.[221]

Gerade das Verhältnis zu den Tieren – unseren Mitgeschöpfen – spielt in der christlichen Tradition nach wie vor eine untergeordnete Rolle. Angesichts der heutigen Missstände in der Tierwirtschaft und der damit einhergehenden humanitären und ökologischen Folgen ist die Frage nach der Beziehung zwischen Mensch, Tier und Natur jedoch dringender denn je.

Mit der Veröffentlichung der *Enzyklika Laudato sí – Über die Sorgen für das gemeinsame Haus* verabschiedete Papst Franziskus die erste Umweltenzyklika, in der er sich mit der „sozio-ökologischen Krise" unseres Lebenshauses befasst. Er fordert eine „ganzheitliche Ökologie" und appelliert an die „soziale Verantwortung der Verbraucher", auch gegenüber unseren Mitgeschöpfen, mit denen wir „durch unsichtbare Bande verbunden sind und [...] eine Art universale Familie bilden, [...] die uns zu einem heiligen, liebevollen und demütigen Respekt bewegt."[222] Entsprechend kritisiert er die Fehlinterpretation des sogenannten Herrschaftsauftrags und die in dieser Konsequenz entartete „anthropozentrische Maßlosigkeit".[223] „Der letzte Zweck der anderen Geschöpfe sind nicht wir", so Franziskus.[224] Diesbezüglich weist er die Vorwürfe zurück, dass die katholische Kirche eine absolute Herrschaft über andere Geschöpfe aus der Gottebenbildlichkeit begründet habe.[225] Denn „herrschen" (vgl. Gen 1,28) bedeute auch, Verantwortung zu übernehmen. „Jegliche Grausamkeit gegenüber irgendeinem Geschöpf widerspricht der Würde des Menschen", so der Papst.[226] Daher sei es erforderlich, in eine neue Beziehung mit der Natur, unseren Mitgeschöpfen und somit auch mit Gott zu treten. Franziskus sieht hier jeden Einzelnen in der Pflicht, sein Handeln zu überdenken, um dieser Berufung gerecht zu werden. „Eine Änderung der Lebensstile könnte dazu führen, einen heilsamen Druck auf diejenigen auszuüben, die politische, wirtschaftliche und soziale Macht besitzen. Das ist es, was die Verbraucherbewegungen erreichen, die durch den Boykott gewisser Produkte auf das Verhalten der Unternehmen ändernd einwirken und sie zwingen, die Umweltbelastung und die Produktionsmuster zu überdenken."[227]

Mit 1,2 Milliarden Katholiken weltweit haben Franziskus Worte eine große Zuhörerschaft erreicht. Damit hat Franziskus einen mutigen Schritt innerhalb der katholischen Kirche gemacht und einen wertvollen Beitrag für die gesamte öffentliche Wahrnehmung des Tierrechtsgedankens geleistet. PETA Deutschland honorierte Franziskus zukunftsweisende und progressive Haltung bezüglich des Tier- und Umweltschutzes mit dem PETAs Person of the Year Award 2015 und lobt ihn für das wichtige Zeugnis, das er in seiner Position als katholisches Kirchenoberhaupt abgelegt hat.

Um ihrer kulturellen, sozialen und politischen Aufgabe gerecht werden zu können, müssen sowohl die Gläubigen als auch die Kirchen, allen voran die Amtsträger, maßgeblich zu einer neuen Wahrnehmung der Tiere als unsere Mitgeschöpfe beitragen und in dieser Konsequenz einen Bewusstseinswandel erreichen. Dies betrifft nicht nur die theologische Auseinandersetzung, sondern auch die praktische Umsetzung.

Die Kampagne „Christen für Tiere" setzt genau hier an und bietet Einblicke in theologisch-fundierte Standpunkte, möchte den Lesern aber auch neue Blickwinkel eröffnen, die zu einer – auf der Grundlage des persönlichen Glaubens – bewussten Entscheidung für eine vegane Lebensweise animieren wollen.

Quellen:

[218] _Religionswissenschaftlicher Medien- und Informationsdienst e. V. (2014):_ http://remid.de/katholizismus/ _(09.03.2016)._

[219] _Vgl. ebd. (Stand: 2013):_ http://remid.de/protestantismus/ _(09.03.2016)._

[220] _Vgl. ebd. (Stand: 2011)._

[221] _Im Vergleich dazu: In Deutschland lebende Bürger im Alter von: 6-14 Jahren: 6,5 Millionen / 15-24 Jahren: 8,65 Millionen / 40-59 Jahren: 24,66 Millionen._

[222] _Papst Franziskus (2015): Enzyklika Laudato sí. Über die Sorge für das gemeinsame Haus. S. 38. Rom._

[223] _Ebd., S. 49._

[224] _Ebd., S. 35._

[225] _Ebd., S. 28._

[226] _Ebd., S. 92._

[227] _Ebd., S. 87._

TIERRECHTE & VEGANISMUS IM INTERNET

Veganismus und ein bewussterer Umgang mit Ernährung waren auch im Jahr 2015 ein nicht zu übersehender medialer Trend.

Nach Angaben des Bundesernährungsministeriums hat sich die Zahl der Vegetarier allein zwischen 2007 und 2012 verdoppelt[228] und es ist davon auszugehen, dass diese Zahl in den darauffolgenden Jahren noch deutlich gestiegen ist.

Seien es die vielen Lebensmittelskandale im Zusammenhang mit tierischen Lebensmitteln[229] oder der Wunsch, sich gesünder zu ernähren oder abzunehmen – es gibt viele Gründe, sich für eine tierfreundliche Ernährung zu entscheiden.

Dieser Trend findet einerseits in der Biobranche statt, wenn eine Sprecherin des Bundes Ökologische Lebensmittelwirtschaft (BÖLW) verlauten lässt: „Veganes und vegetarisches Essen ist der nächste große Trend in der Biobranche."[230] Doch auch konventionelle Lebensmittelhändler wie Kaufland, Edeka oder Aldi setzen bewusst auf das Thema vegane Ernährung. Und das insbesondere in der Onlinekommunikation, sodass laut der Studie *Veganer Ernährungstrend in deutschen Supermärkten* von Brandwatch [231] in den Jahren 2014 und 2015 ein messbarer Anstieg der Onlinegespräche rund um das Thema vegan verzeichnet werden konnte, als Aldi vermeldete, neue vegane Produkte in sein Sortiment aufzunehmen, Edeka verkündete, eine vegane Fleischtheke ins Leben zu rufen oder Kaufland einen Wettbewerb auf Facebook veranstaltete, bei dem die Fans einen Korb mit veganen Produkten gewinnen konnten. Einen weiteren Hinweis liefert die Neuheiten-Datenbank der weltweit führenden Messe für Ernährung ANUGA[232], die im Jahr 2015 laut der Zeitschrift Wirtschaftswoche 136 neue vegane Produkte umfasste.[233]

Doch auch beim Absatz von Supermärkten ist das Interesse an veganen Rezepten, tierversuchsfreier Kosmetik und einem tierfreundlichen Lebensstil weiterhin ungebrochen. Einen klaren Hinweis liefert hier ein Blick in Google Trends.[234] Dort findet sich seit einigen Jahren ein kontinuierlicher Anstieg der Suchanfrage „vegan", und zwar nicht nur im Bereich „Essen und Trinken"[235], sondern vor allem auch in den Bereichen „Gesundheit"[236] und „Körperliches Wohlbefinden". Doch auch die Kategorien „Bücher und

Lehre"[237], „Mensch und Gesellschaft"[238], „Naturwissenschaften"[239] oder „Ausbildung und Beruf"[240] verzeichneten im Jahr 2015 einen deutlichen Anstieg der Suchanfragen mit dem Begriff „vegan". Ähnlich verhält es sich mit den Suchbegriffen „Tierschutz"[241] und „Tierversuche"[242].

Auch in den sozialen Netzwerken sind Tierrechtsthemen sehr präsent. Laut Hashtags.org wird der Hashtag „vegan" bis zu 1.000 Mal pro Stunde genutzt[243], auf Instagram findet man über 22 Millionen Beiträge mit dem Hashtag „vegan", und auch soziale Netzwerke wie Pinterest, Tumblr oder Snapchat bieten unzählige Beiträge zum Thema. Allein PETA Deutschland e.V. verzeichnet auf Facebook weit über 600.000 Direktverknüpfungen, die sich Monat für Monat um Tausende erhöhen. Die Seitenbeiträge erreichen regelmäßig monatliche Reichweitenwerte von über 20 Millionen. Zudem interagieren monatlich über eine Million Nutzer mit den Inhalten der PETA-Facebookseite. Auch via Twitter erreicht PETA Deutschland zahlreiche Menschen mit Tierrechtsinformationen. Jeden Monat werden Tweets der Tierrechtsorganisation über eine Million Mal angezeigt. All diese Zahlen stiegen im Laufe des Jahres 2015 kontinuierlich an und sind ein weiterer Hinweis darauf, dass Inhalte zu den Themen Tierrechte und Veganismus in den sozialen Medien eine äußerst relevante Rolle spielen.

Ein besonderes Augenmerk sei noch auf die vielen Blogger, die zum Thema Veganismus und Tierrechte aktiv sind, gelegt. Die weltweit führende und auch in Deutschland tätige Mediengruppe Cision, die für Unternehmen und Institutionen Dienstleistungen im Bereich Medienkommunikation anbietet, hat bereits im Jahr 2013 die „Top 10 vegane Blogs in Deutschland"[244] gekürt, mit einigen der Blogger ausführliche Interviews veröffentlicht[245] und somit auch die Relevanz dieser Onlinekommunikatoren für Unternehmen unterstrichen.

Quellen:

[228] *Bundesministerium für Ernährung und Landwirtschaft (2014): Pressemeldung: Zahl der Woche: 2. 29.04.2014. Berlin/Bonn.* http://www.bmel.de/SharedDocs/Pressemitteilungen/2014/101-Zahl-der-Woche.html *(09.03.2016).*

[229] *PETA Deutschland e.V.(2015): Eine deutsche Skandal-Chronik.* http://www.peta.de/skandalchronik *(09.03.2016).*

[230] *Gassmann, Michael (2015): Vegan ist das neue Bio. In: DIE WELT.* http://www.welt.de/wirtschaft/article136502302/Vegan-ist-das-neue-Bio.html *(09.03.2016).*

[231] *Vogl, Michaela (2015): Report: Online-Gespräche zum Thema vegane Produkte. Brandwatch.* https://www.brandwatch.com/de/2015/11/neuer-report-online-gespraeche-zum-thema-vegane-produkte/ *(09.03.2016).*

[232] *ANUGA (2015): Produkte.* http://neuheiten.koelnmesse.net/250/2015/de/products/index/cat:26418 *(09.03.2016).*

[233] *Huber, Elias (2015): Trends der Anuga: Vegan, gesund, Gourmet oder „to go". In: Wirtschaftswoche.* http://www.wiwo.de/unternehmen/handel/trends-der-anuga-vegan-gesund-gourmet-oder-to-go/12430598.html *(09.03.2016).*

[234] *Google Trends (2016):* https://www.google.de/trends/explore#q=vegan&geo=DE *(09.03.2016).*

[235] *Google Trends (2016):* https://www.google.de/trends/explore#geo=DE&q=vegan&cat=0-45-456 *(09.03.2016).*

[236] *Google Trends (2016):* https://www.google.de/trends/explore#cat=0-71&q=vegan&geo=DE&cmpt=q&tz=Etc%2FGMT-1 *(09.03.2016).*

[237] *Google Trends (2016):* https://www.google.de/trends/explore#cat=0-22&q=vegan&geo=DE&cmpt=q&tz=Etc%2FGMT-1 *(09.03.2016).*

[238] *Google Trends (2016):* https://www.google.de/trends/explore#cat=0-14&q=vegan&geo=DE&cmpt=q&tz=Etc%2FGMT-1 *(09.03.2016).*

[239] *Google Trends (2016):* https://www.google.de/trends/explore#cat=0-174&q=vegan&geo=DE&cmpt=q&tz=Etc%2FGMT-1 *(09.03.2016).*

[240] *Google Trends (2016):* https://www.google.de/trends/explore#cat=0-958&q=vegan&geo=DE&cmpt=q&tz=Etc%2FGMT-1 *(09.03.2016).*

[241] *Google Trends (2016):* https://www.google.de/trends/explore#q=Tierschutz&geo=DE&cmpt=q&tz=Etc%2FGMT-1 *(09.03.2016).*

[242] *Google Trends (2016):* https://www.google.de/trends/explore#q=Tierversuche&geo=DE&cmpt=q&tz=Etc%2FGMT-1 *(09.03.2016).*

[243] *Hashtags.org (2016): analytics for: #vegan.* https://www.hashtags.org/analytics/vegan/ *(09.03.2016).*

[244] *Cision (2013): Food – Top 10 'Vegane' Blogs in Deutschland.* http://www.cision.com/de/medien-ranking/food-top-10-vegane-blogs-in-deutschland/ *(09.03.2016).*

[245] *Cision (2016): Suchergebnisse für: vegan.* http://www.cision.com/de/?s=vegan *(09.03.2016).*

RECHT

DER TIERSCHUTZBERICHT DER BUNDESREGIERUNG

DEFIZITE DES GESETZGEBERS

Das Bundesministerium für Ernährung und Landwirtschaft veröffentlichte im November 2015 den Tierschutzbericht 2015.[246] Im Vorwort betont Christian Schmidt, Bundesminister für Ernährung und Landwirtschaft, dass das Thema „Tierwohl" für ihn ein priorisiertes Thema auf der politischen Agenda sei.

Der Bericht befasst sich schwerpunktmäßig mit der Modifizierung des Tierschutzgesetzes aus 2013, zu der die Bundesregierung vor allem wegen der EU-Tierversuchsrichtlinie (2010/63/EU) angehalten war. Dennoch wurden auch wenige andere tierschutzrechtliche Themen mit aufgenommen, für die Tierrechtsorganisationen schon lange gekämpft hatten.

Nach der Gesetzesänderung findet sich nun unter § 3 Nr. 13 TierSchG das längst überfällige explizite Verbot der Zoophilie.[247] Zu kritisieren ist diesbezüglich, dass es sich bei einem Verstoß um eine bloße Ordnungswidrigkeit gemäß § 18 Abs. 1 Nr. 4 TierSchG handelt, obwohl die Interessenlage unstreitig mit anderen Zwangssituationen vergleichbar ist – Tatbestände, die vom Gesetzgeber als Vergehen oder sogar als Verbrechen klassifiziert wurden. Eine Einstufung dieses tierschutzwidrigen Verhaltens als Vergehen erscheint hier eher angebracht.

Doch statt gegen die erheblichen Missstände in der Tierhaltung durch den Erlass dringend notwendiger, neuer Verbotsnormen und schärferer Haltungsvorschriften vorzugehen, setzt das BMEL in seiner im September 2014 veröffentlichten Initiative *Eine Frage der Haltung – neue Wege für mehr Tierwohl*, die breiten Raum im Tierschutzbericht der Bundesregierung einnimmt, auf das Prinzip der „verbindlichen Freiwilligkeit".[248] Damit spekuliert die Regierung auf das Engagement und die Eigeninitiative der Wirtschaft, Belange des Tierschutzes eigenständig durchzusetzen und zu verfolgen.

Diesbezüglich sein Vertrauen in die Industrie zu setzen, deren Handlungen maßgeblich von Profitstreben geprägt sind und faktisch nur allzu häufig zulasten des Tierwohls gehen, greift zu kurz. Vielmehr hat die Vergangenheit gezeigt, dass es in Fragen der Tierhaltung konkreter gesetzlicher Vorgaben sowie regelmäßiger intensiver Kontrollen der Haltungsumstände bedarf.

Der mit zahlreichen Wiederholungen über mehrere Kapitel gespickte Tierschutzbericht betont auch „die Grundrechte der Zirkusbetreiber und Tierlehrer" und deren Berufs- und Eigentumsfreiheit. Dass das Tierschutzgesetz in diesem Punkt trotz gegenteiliger öffentlicher Meinung sogar zuungunsten der Tiere verschlechtert wurde, verschweigt der Bericht.

Der Bericht vermerkt durchaus auch Verbesserungen. So bei der Bekämpfung des illegalen Welpenhandels, bei der Verbesserung der Sachkunde von Heimtierhaltern, der Verschärfung der Tierschutz-Hundeverordnung, bei der Erleichterung von Katzenkastrationen für Länder und Kommunen oder bei der Aufnahme „nichttextiler Teile tierischen Ursprungs" – also Pelz, Leder, Horn – in die EU-Verordnung 1007/2011.

Darüber hinaus gibt der Bericht einen tiefen Einblick in die industriellen Schlachtprozesse von zwei Dritteln der in Deutschland geschlachteten Schweine, nämlich 40 Millionen:

„Derzeit werden nach Schätzungen des Max Rubner-Instituts (MRI) in Deutschland ca. 40 Millionen Schlachtschweine pro Jahr mit Kohlendioxid (CO2) betäubt. Der Hauptvorteil liegt in einer effektiven Gruppenbetäubung mit wenig Personaleinsatz. Die CO2-Betäubung steht in der Kritik, weil die Betäubung nicht sofort eintritt und die Tiere bei der Einleitung Atemnot-Symptome und Abwehrverhalten zeigen [...]"[249,250]

Die nunmehr 12. Ausgabe des Berichts behandelt den Zeitraum 2011 bis 2014, in dem sich auch die Aufnahme der Staatszielbestimmung „Tierschutz" in Artikel 20a GG zum zehnten Mal jährte. Es bleibt festzustellen, dass in Deutschland auch nach diesen zehn Jahren noch immer erhebliche Defizite im Tierschutz vorherrschen.

Zum Jahresende 2015 ist zudem die neue Kommentierung zum Tierschutzgesetz von Hirt, Maisack und Moritz erschienen. In dem umfangreichen Werk werden zahlreiche im Tierschutzbericht 2015 ausgeführten vermeintlichen Errungenschaften im Bereich des Tierschutzes relativiert und eine konsequente Auslegung der tierschutzrechtlichen Normen vor dem Hintergrund des Staatsziels „Tierschutz" aus Art. 20a GG vorgenommen.[251] Für Tierschutz- und Tierrechtsorganisationen sollte dieses ca. 1.200 Seiten starke Werk alleinige Grundlage für juristische Vorstöße sein.

<u>*Quellen:*</u>

[246] *Bundesministerium für Ernährung und Landwirtschaft (2015): Tierschutzbericht der Bundesregierung 2015. Bericht über den Stand der Entwicklung des Tierschutzes. http://www.bmel.de/SharedDocs/Downloads/Broschueren/Tierschutzbericht-2015.pdf;jsessionid=E08FA011044CDEDEBA6B26B8BABC1625.2_cid296?__blob=publicationFile (08.04.2016).*

[247] *Vgl. ebd., S. 32.*

[248] *Vgl. ebd., S. 14.*

[249] *Vgl. ebd., Kapitel 4.5.*

[250] *Anmerkung: Diese Passage hat PETA Deutschland dazu veranlasst, im Frühjahr 2016 Strafanzeigen gegen über 20 Großschlachthofbetriebe zu erstatten.*

[251] *Hirt/Maisack/Moritz (2016): Kommentar zum Tierschutzgesetz, 3. Auflage.*

TIERSCHUTZVERBANDSKLAGERECHT

BADEN-WÜRTTEMBERG ZIEHT NACH

Bremen, Hamburg, Nordrhein-Westfalen, Saarland, Rheinland-Pfalz und Schleswig-Holstein sind die Bundesländer, die den in diesen Bundesländern ansässigen Tierschutz- und Tierrechtsorganisationen bereits Mitwirkungs- und Klagerechte zugestehen; Niedersachsen will 2016 nachziehen[252]; Baden-Württemberg hat das Gesetz über Mitwirkungsrechte und das Verbandsklagerecht für Tierschutzorganisationen (TierSchMVG) im Mai 2015[253] beschlossen, die Verbändeanhörung zu diesem Gesetz fand schon fast vier Jahre vorher statt, im November 2011. Es eröffnet den Tierschutz- und Tierrechtsorganisationen mit Sitz in Baden-Württemberg die Antragstellung zur Zulassung nach diesem Gesetz. Voraussetzung war die Gründung eines Gemeinsamen Büros durch die mitwirkungswilligen Vereine. Die Gründungsversammlung fand im Dezember 2015 nach Abstimmung der Satzung mit Ministerium und Finanzamt statt. Gründungsmitglieder sind: Ärzte gegen Tierversuche e.V., Bund gegen den Missbrauch der Tiere e.V., Landestierschutzverband Baden-Württemberg e.V., Menschen für Tierrechte – Tierversuchsgegner Baden-Württemberg e.V., PETA Deutschland e.V. sowie die Tierschutzvereine Heidenheim, Karlsruhe und Wangen. In den Vorstand wurden Vertreter des Landestierschutzverbandes, des Bundes gegen den Missbrauch der Tiere und den Menschen für Tierrechte gewählt.[254] Sitz des Gemeinsamen Büros ist bei PETA.

Das Gemeinsame Büro, das personell besetzt werden wird und dessen Kosten alle beteiligten Verbände tragen, hat Koordinationsaufgaben. Die Verwaltungsbehörden in Baden-Württemberg sind angehalten, tierschutzrelevante Vorgänge an dieses Büro zu übermitteln – nach vorsichtigen Schätzungen sollen dies zwischen 1.500 und 2.000 pro Jahr sein. Die Vorgänge werden unter strikter Einhaltung datenschutzrechtlicher Bestimmungen gesichtet und anschließend den beteiligten und zugelassenen Tierschutzorganisationen übermittelt. Diese bearbeiten die Vorgänge dann in eigener Zuständigkeit. Die Durchführungsverordnung zum Gesetz selbst konnte 2015 noch nicht fertiggestellt werden.[255] Wie auch in den anderen Bundesländern gibt es massive Widerstände durch die tiernutzungsorientierten Standesorganisationen und vor allem durch CDU und FDP.

Es konnte zur Kenntnis genommen werden, dass der Versuch des Landesjagdverbandes in Nordrhein-Westfalen gescheitert ist, als Tierschutzverband zum Verbandsklagegesetz in Nordrhein-Westfalen zugelassen zu werden. Das Verwaltungsgericht Gelsenkirchen hat hierzu klar festgestellt:

„Tierschutzbezogene Vorschriften sind hingegen im Jagdrecht nur vereinzelt anzutreffen. [...] Nicht unberücksichtigt bleiben kann schließlich auch die Ausübung der Jagd als solcher [sic!] im Sinne des Erlegens und Sich-Aneignens von Wild. [...] Dieses dürfe – jedenfalls bezogen auf Leben und Wohlbefinden des erlegten Tieres, das ja normalerweise gesund ist – im Regelfall sogar im Widerspruch zu den Zielen des Tierschutzes stehen."[256]

Quellen:
[252] *Niedersächsische Staatskanzlei (2014): Pressemeldung: Kabinett bringt Verbandsklagerecht für Tierschutzorganisationen auf den Weg. 23.09.2014. Hannover. http://www.stk.niedersachsen.de/aktuelles/presseinformationen/ kabinett-bringt-verbandsklagerecht-fuer-tierschutzorganisationen-auf-den-weg--127956.html (08.04.2016).*
[253] *Ministerium für Ländlichen Raum und Verbraucherschutz Baden-Württemberg (2015): Mitwirkungs- und Verbandsklagerecht. https://mlr.baden-wuerttemberg.de/de/unsere-themen/tierschutz-und-tiergesundheit/tierschutz/mitwirkungs-und-verbandsklagerecht/ (08.04.2016).*
[254] *Landestierschutzverband Baden-Württemberg e.V. (2015): Pressemeldung: Tierschutzvereine gründen gemeinsames Büro zur Umsetzung der Tierschutzverbandsklage in Baden-Württemberg. 19.12.2015. Karlsruhe. http://www.landestierschutzverband-bw.de/ltsv/presse/233-tierschutzvereine-gruenden-gemeinsames-buero-zur-umsetzung-der-tierschutzverbandsklage-in-baden-wuerttemberg (08.04.2016).*
[255] *Mit dem Entwurf der Durchführungsverordnung zum Verbandsklagegesetz BW, welcher am 05.03.2016 an die Verbände zur Stellungnahme versandt wurde, wird der Versuch unternommen, u. a. PETA Deutschland e.V. aus dem Kreis der zulassungsberechtigten Verbände auszuschließen.*
[256] *Verwaltungsgericht Gelsenkirchen: Urteil vom 17.12.2015. Az. 16 K 1117/14.*

DIE INFORMATIONSFREIHEITSGESETZE

NORDRHEIN-WESTFALEN FÄLLT ZURÜCK

Ein demokratisch legitimierter Rechtsstaat bietet den Bürgern die Möglichkeit, Gesetze, die ihren Interessen entsprechen, sozusagen gegen die Staatsgewalt durchzubringen, auch und gerade, wenn sie den Interessen der – allerdings durch die Bürger selbst finanzierten – Staatsgewalt zuwiderlaufen. Mit Fug und Recht kann behauptet werden, dass dies für die ganze Palette der Informationsfreiheitsgesetze (IFG) gilt.

Es gibt hierzu im Wesentlichen Folgende:

Informationsfreiheitsgesetze, mittlerweile neben dem Bund in 13 Bundesländern beschlossen, zuletzt 2015 in Baden-Württemberg. Freistaaten wie Bayern oder Sachsen verweigern den Bürgern bis heute den kontrollierten Zugriff auf behördliche Informationen, obwohl diese von Behörden im Auftrag und durch die Finanzierung der Bürger verwaltet werden.

Das Verbraucherinformationsgesetz (VIG), das ein Bundesgesetz ist und daher bundesweit gilt, regelt den Informationszugang zu vielen Bereichen der Lebensmittel- und Bedarfsgegenständeherstellung.

Die Umweltinformationsrichtlinie (UIG) ermöglicht die Zugänge zu Informationen natur- und umweltschutzrechtlicher Bereiche, worunter auch die wildlebende Fauna sowie Teile jagdrechtlicher Vorgänge fallen können.

Die Landespressegesetze ermöglichen Journalisten den Zugang zu Informationen.

Die Verbandsklagegesetze in einigen wenigen Bundesländern ermöglichen es zugelassenen Tierschutz- und Tierrechtsorganisationen, in eng umgrenzten Bereichen Informationen zu tierschutzrelevanten Genehmigungsvorgängen zu erhalten und sich auch mit Rechtsmitteln an diesen zu beteiligen (s.: Tierschutzverbandsklagerecht – Baden-Württemberg zieht nach).

Der Tierrechtsreport 2015 hat diesen Bereich auch mit konkreten Beispielen beschrieben.[257] Der Informationsvorgang zum Gestüt Falkenhorst in Thüringen hat sich mittlerweile zu einem Grundsatzfall entwickelt. 2015 erschien ein umfangreicher Bericht der Landesregierung zur Durchführung des Thüringer Informationsfreiheitsgesetzes (Thür-IFG), in dem der Informationsvorgang Dr. Haferbeck gegen den Saale-Orla-Kreis im Kapitel „Wer ist Widerspruchsbehörde?" zum Inhalt gemacht wird.[258] Im Dezember 2015 wurde Untätigkeitsklage eingereicht, da die begehrten Informationen in tierschutzrechtlichen Angelegenheiten nach fast drei Jahren immer noch nicht herausgegeben wurden. Das Verfahren ist beim Verwaltungsgericht Gera anhängig.[259]

Wie schon am thüringischen IFG-Vorgang ersichtlich, versuchen Behörden immer wieder, die Informationsfreiheitsgesetze systematisch gegen die antragstellenden Bürger auszuhöhlen und unter teilweise bewusster Fehlinterpretation des gesetzgeberischen Willens gegen den „Geist dieser Gesetze" zu handeln. So auch in Nordrhein-Westfalen: Bislang galt das IFG NRW als eines der fortschrittlichsten und ersten in Deutschland, es existiert bereits seit 2001. Doch mittlerweile wird § 9 des Gesetzes äußerst restriktiv ausgelegt. Während es PETA in der Vergangenheit gelang – auch unter Mediation des 13a-Senats des OVG Münster –, den Behörden ganze Ordner an Informationen z. B. zu den Gastspielen des Zirkus Krone abzuringen,[260] subsumiert der 8. Senat so gut wie alle Sachverhalte unter „personenbezogene Daten", auch (inkriminierte) Sachverhalte aus dem beruflichen Umfeld. So z. B. Beschreibungen einer Tierhaltung in einem Zirkusbetrieb, der dem Antragsteller namentlich bekannt gewesen ist. Das Gericht betont ausdrücklich, dass die personenbezogenen Daten im IFG NRW, das in diesem Punkt seit Jahren nicht an die gesellschaftliche Entwicklung und andere Länder-IFG angepasst worden ist, stärker geschützt seien als nach dem Umweltinformationsgesetz. Das IFG NRW erlaubt bislang nur natürlichen Personen, Begehren nach dem IFG zu stellen – juristische Personen, also z. B. Vereine, NGOs etc., sind von der Antragstellung ausgeschlossen. Diese antiquierte Einschränkung ist in vielen anderen IFG längst aufgegeben worden, dort sind auch Vereine antragsberechtigt. Während der Ausschluss juristischer Personen das IFG NRW dazu verleitet, dass Privatpersonen die entsprechenden Informationen beantragen, verweist das OVG Münster den Antragsteller auf das bestehende Verbandsklagegesetz von NRW, welches allerdings

nur unter sehr restriktiven Bedingungen zugelassenen Tierschutzorganisationen, nicht aber Privatpersonen offensteht. Man kann
bei diesen Beschlussausführungen durchaus von gewillkürter
Rechtsprechung sprechen.[261]

Immerhin bemüht sich das Ministerium für Klimaschutz, Umwelt,
Landwirtschaft, Natur- und Verbraucherschutz des Landes NRW,
mit diesem Beschluss konfrontiert, um Lösungen bei einer anste-
henden Neuformulierung des Gesetzes:

„Ich habe Verständnis dafür, dass Sie die Auslegung der beiden
Gerichte zum Begriff der personenbezogenen Daten und des
Ausschlussgrundes des § 9 IFG NRW in diesem Zusammenhang
kritisieren, weil hierdurch aus Ihrer Sicht Ihr Einsatz gegen Missstände in der Zirkushaltung erschwert wird. Ich habe Ihre Anre-
gung aufgenommen und die Gerichtsentscheidungen mit Ihrem
Anliegen an das für Fragen des Informationsfreiheitsgesetzes
NRW federführend zuständige Ministerium für Inneres und Kommunales (MIK) zur weitern [sic!] Prüfung weitergeleitet. Darüber hinaus habe ich Ihr Schreiben auch an den Landesbeauftragten für
Datenschutz und Informationsfreiheit übersandt. […] In seinem alle
zwei Jahre erscheinenden Bericht zur Informationsfreiheit präsentiert der Landesbeauftragte regelmäßig Beispiele über behördliche
Fehlinterpretationen des IFG NRW. Falls der Landesbeauftragte in
dem von Ihnen angeführten Fall ebenfalls Handlungsbedarf sieht,
um den Informationsanspruch von Bürgerinnen und Bürgern zu
stärken, sehe ich hier durchaus die Chance, auf diese Weise für
mehr Gehör zu sorgen.“[262]

Während NRW sich beim IFG um eine Anpassung an die gesellschaftlichen Weiterentwicklungen bemühen dürfte, haben bayerische Verwaltungsgerichte den Informationsbegehren nach dem
Verbraucherinformationsschutzgesetz zum Durchbruch verholfen,
in diesen Fällen zu Fleischprodukten aus Schlachtbetrieben des
Konzerns Wiesenhof:

„Nach § 2 Abs. 1 Nr. 1 VIG (2012) hat jeder nach Maßgabe dieses
Gesetzes Anspruch auf freien Zugang zu allen Daten über von den
nach Bundes- oder Landesrecht zuständigen Stellen festgestellte
nicht zulässige Abweichungen von Anforderungen des Lebens-
mittel- und Futtermittelgesetzbuches, des Produktsicherheitsge-
setzes, der auf Grund [sic!] dieser Gesetze erlassenen Rechtsver-

ordnungen, unmittelbar geltender Rechtsakte der Europäischen Gemeinschaft oder der Europäischen Union im Anwendungsbereich der genannten Gesetze sowie Maßnahmen und Entscheidungen, die im Zusammenhang mit den genannten Abweichungen getroffen worden sind. Eine Abweichung gegen die genannten Vorschriften liegt stets dann vor, wenn ein Vorgang nicht mit den darin festgelegten Vorschriften in Einklang steht (BayVGH, B.v. 22.12.2009 – G 09.1 – ZLR 2010, 219 zum VIG (2008)). Bei der Neufassung des Verbraucherinformationsgesetzes (vgl. BT-Drucksache 17/7374 S. 15) wurde zur Klarstellung der auskunftspflichtige Tatbestand als eine – ohne dass vorwerfbares Verhalten vorliegen muss – von der nach Bundes- oder Landesrecht zuständigen Stelle festgestellte Abweichung von Rechtsvorschriften definiert (vgl. insoweit auch Artikel 2 Nummer 10 der VO (EG) Nr. 882/2004 vom 29. April 2004 über amtliche Kontrollen zur Überprüfung der Einhaltung des Lebensmittel- und Futtermittelrechts sowie der Bestimmungen über Tiergesundheit und Tierschutz). [...] Die vorgenannten grundrechtlichen Gewährleistungen schützen ein am Markt tätiges Unternehmen, das sich der Kommunikation und damit auch der Kritik der Qualität seiner Produkte oder seines Verhaltens aussetzt, nicht vor diesbezüglichen ‚Imageschäden' und dadurch bedingten ‚Umsatzeinbußen'. Vor allem Art. 12 Abs. 1 GG vormittelt kein Recht des Unternehmens, nur so von anderen dargestellt zu werden, wie es gesehen werden möchte oder wie es sich und seine Produkte selber sieht; ein solches Recht kann auch nicht in Parallele zum allgemeinen Persönlichkeitsrecht begründet werden, weil auch dieses einen solchen Anspruch nicht umfasst. Vielmehr sichert Art. 12 Abs. 1 GG nur die Teilhabe am Wettbewerb nach Maßgabe seiner Funktionsbedingungen."[263]

Unzulässige Abweichungen – gleich welcher Art – aus Schlachtbetrieben sind nach dem VIG öffentlich abfragbar, und eben nicht erst, wenn sich eine Behörde dazu durchgerungen hat (was äußerst selten geschieht), solche ständigen Missstände einer Sanktionierung z. B. durch ein Bußgeldverfahren zuzuführen.

Quellen:

[257] *PETA Deutschland e.V. (2015): Tierrechtsreport 2015. Recherchen, Tierquälereien und rechtliche Entwicklungen in Deutschland. Stuttgart: BoD.*

[258] *Freistaat Thüringen – Ministerium für Inneres und Kommunales (2015): Stellungnahme der Landesregierung zum 1. Tätigkeitsbericht zur Informationsfreiheit des Thüringer Landesbeauftragten für den Datenschutz und die Informationsfreiheit für den Berichtszeitraum: 29. Dezember 2012 bis 31. Dezember 2014. Erfurt.*

[259] *Verwaltungsgericht Gera: Az. 3 K 125/16 Ge. Mit Widerspruchsbescheid vom 08.03.2016 hat das Landesamt für Verbraucherschutz den Antrag von Dr. Haferbeck vom 17.01.2013 abgewiesen. Az. 22.2682.02.Haferbeck. Aus der Untätigkeitsklage wird jetzt eine Feststellungsklage.*

[260] *Oberverwaltungsgericht Münster: Prozessualer Hinweis an den Landkreis Minden-Lübbecke vom 22.06.2009. Az. 13a F 16/09.*

[261] *Oberverwaltungsgericht Münster/Landkreis Minden-Lübbecke: Beschluss vom 13.10.2015. Az. 8 A 1220/14 – 7 K 2678/12. Verwaltungsgericht Minden im Rechtsstreit mit Dr. Edmund Haferbeck.*

[262] *Ministerium für Klimaschutz, Umwelt, Landwirtschaft, Natur- und Verbraucherschutz des Landes Nordrhein-Westfalen: Schreiben vom 04.12.2015 an Dr. Haferbeck. Az. VI-6 – 79.00.16.*

[263] *Bayerischer Verwaltungsgerichtshof: Beschlüsse vom 06.07.2015. Az. 20 ZB 14.977 – RN 5 K 12.1115 und Verwaltungsgericht Regensburg: Az. 20 ZB 14.978 – RN 5 K 12.1758.*

EPILOG

Bei allen Erfolgen ist die Durch- und Umsetzung von Tierrechten nach wie vor mit erheblichen Schwierigkeiten verbunden. Durch die jahrzehntelange Arbeit von Tierrechtsorganisationen ist die Diskussion über eine körperliche und seelische Unversehrtheit aller Lebewesen in der Mitte der Gesellschaft angekommen – vegan sein gilt als fortschrittlich, die Industrie hat die Relevanz rein pflanzlicher Produkte erkannt. Gleichzeitig behindern neben den tierausbeutenden Interessengruppen vor allem Behörden, Gesetzgeber und die Justiz eine klare Weiterentwicklung – und das mithilfe der Rechtsprechung.

1972 wurde das deutsche Tierschutzgesetz verabschiedet, das eine angemessene Behandlung von Tieren gewährleisten soll. Doch selbst nach zahlreichen Reformen lässt der Erlass einen zu großen Spielraum bei der Antwort auf die Frage, was als „angemessen" zu gelten hat. So sind nach wie vor einige Tiere vom Schutz durch das Gesetz ausgenommen. Für Puten beispielsweise existiert keine Rechtsverordnung, die eine Mindestanforderung an die Haltung der Tiere definiert. Auch Kühe in der Milchindustrie haben im deutschen Tierschutzgesetz keine eigene Verordnung; diese gibt es nur für Kälber. Hummer und andere wirbellose Tiere genießen kaum Schutz, sodass Misshandlungen und unzumutbare Lebensumstände vor dem Gesetz höchstens als Ordnungswidrigkeit geahndet werden können.

So findet in den Bereichen Ernährung, Bekleidung, Unterhaltung und Tierversuche seit Jahrzehnten eine systemimmanente Ausbeutung von Tieren statt. Staatliche Institutionen kennen die Zustände, ohne sie zu sanktionieren, und machen sich damit in einem hohem Maße mitschuldig. Sogar die seit Jahrzehnten als Straftat gegen § 17 des Tierschutzgesetzes anerkannte Methode der Tötung männlicher Eintagsküken wird gebilligt. Die Täter bleiben unbestraft. Damit ist dem Stuttgarter Schriftsteller Wolfgang Schorlau recht zu geben, der die Zustände in der Fleischindustrie im Nachwort zu seinem Kriminalroman *Am zwölften Tag* wie folgt beschreibt:

„Die Fleischindustrie kennt keinen Respekt vor den Tieren und keinen Respekt vor den Beschäftigten. Schließlich etabliert die Fleischindustrie mafiöse Strukturen und fördert die organisierte Kriminalität."[264]

Es zeigt sich einmal mehr, dass durchgreifende Entwicklungen aus der Gesellschaft heraus angestoßen werden müssen. Es sind Tierrechtsorganisationen, die die Rechte von Tieren trotz massiver Gegenwehr durchsetzen und etablieren.

Quellen:
[264] *Schorlau, Wolfgang (2013): Am zwölften Tag. Köln: KiWi ; ZDF: Dengler: Am zwölften Tag. 14.03.2016. 20.15 Uhr – 21.45 Uhr.*

ANHANG

AUSWAHL DER ERFOLGE 2015 VON PETA DEUTSCHLAND e.V.

Im Jahr 2015 konnte PETA auf mehreren Gebieten der Tierrechte Erfolge erzielen, wobei diese Aufstellung nur eine kleine Auswahl darstellt und sich auf die wichtigsten Erfolge konzentriert. Eine vollständige Chronologie befindet sich auf PETA.de/Erfolge. Die Liste ist chronologisch geordnet:

München: Tötung von Füchsen abgesagt

Dezember 2015 – Im November teilte die Stadt München mit, insgesamt 100 Füchse im Rahmen einer veterinärmedizinischen Untersuchung auf den Fuchsbandwurm fangen und töten zu wollen. Das Vorhaben wurde im Dezember eingestellt, nachdem PETA die Verantwortlichen auf die strafrechtliche Relevanz des Vorhabens hinwies und eine Strafanzeige ankündigte. Außerdem informierte PETA die Stadt darüber, dass eine Krankheitsübertragung durch Füchse nahezu auszuschließen ist und aus wildbiologischer Sicht kein Grund für die Tötung der Tiere besteht.

Delbrück: Schimpansen aus Qualhaltung gerettet

Dezember 2015 – Das Schimpansengeschwisterpaar Kaspar und Uschi lebte im Delbrücker Tierpark Nadermann viele Jahre in einem winzigen, düsteren Gehege ohne ausreichend Beschäftigungsmöglichkeiten. Nach einer mehrmonatigen Kampagne u. a. von PETA wurden die Tiere gerettet und sind nun in der Auffangstation Wales Ape & Monkey Sanctuary in Großbritannien untergebracht. Dort erhalten sie die bestmögliche Betreuung und das größte Maß an Freiheit und Selbstbestimmung, das ein Refugium bieten kann.

Rosian (Sachsen-Anhalt): Geldstrafe für Wildschwein-Tierquäler

Dezember 2015 – Im August 2014 erstattete PETA Strafanzeige gegen einen Agrarunternehmer, der auf einem Acker 13 Frischlinge mit dem Auto verfolgte und überrollte – alle Schweine starben. Der Tierquäler wurde nun wegen Wilderei zu einer Geldstrafe von 14.000 Euro verurteilt.

Landkreis Osnabrück: Bußgeld für Kleintierhändler

Dezember 2015 – Nachdem PETA im April Strafanzeige gegen den Zoobedarf G. in Melle erstattete, wurde im November nach umfangreichen Ermittlungen und der Abgabe des Verfahrens an den Landkreis Osnabrück ein Bußgeldbescheid über 210 Euro rechtskräftig. Dieser enthält vier Verstöße gegen das Tierschutzgesetz und bestätigt damit die Vorwürfe von PETAs Undercover-Ermittlung.[265]

Peine: Geldbuße für Tiertransporteur

Dezember 2015 – Im April erstattete PETA wegen eines Lkw-Unfalls, bei dem zahlreiche Schweine starben, Anzeige gegen die Verantwortlichen des Transportunternehmens. Die Staatsanwaltschaft Hildesheim bestätigte: „Es steht außer Frage, dass durch das Unfallgeschehen einer Vielzahl der transportierten Schweine bedauerlicherweise erhebliche Schmerzen und Leiden zugefügt worden sind."[266] Das Verfahren wurde an die zuständige Verwaltungsbehörde abgegeben, die nun wegen mehrerer Ordnungswidrigkeitsverstöße einen – mittlerweile rechtskräftigen – Bußgeldbescheid gegen den Fahrer erließ.

Oldenburg: Bußgeld für Putenmäster

November 2015 – Wegen Verstoßes gegen das Tierschutzgesetz erstattete PETA im Oktober 2012 Strafanzeige gegen einen Putenmäster, der seine Tiere brutal mit einer Zange tötete und die teilweise noch lebendon Puten in einem Container entsorgte. Die Vorwürfe wurden in einem umfangreichen Gutachten des Landesamtes für Verbraucherschutz und Lebensmittelsicherheit aus Juni 2013 bestätigt. Gegen Zahlung einer Geldbuße von 1.000 Euro wurde das Verfahren im November 2015 nach Anklageerhebung durch die Staatsanwaltschaft Oldenburg vom Amtsgericht Cloppenburg eingestellt.[267]

Bußgeld für „Angelschule Nord"

Oktober 2015 – Wegen Verstoßes gegen das Tierschutzgesetz erstattete PETA im Mai 2015 Strafanzeige gegen den Betreiber der „Angelschule Nord" aus Hamburg. In einem Video auf der Internetseite der Schule war zu sehen, wie dieser die verbotene Angelpraxis Catch & Release (Fangen und wieder freilassen) ausübte. Die Staatsanwaltschaft Schwerin stellte das Verfahren gegen Zahlung eines Bußgeldes in Höhe von 500 Euro ein.[268]

Stuttgart: Cannstatter Wasen: Anbindehaltung von Pferden beendet

September 2015 – Ab sofort werden die Pferde, die auf dem Stuttgarter Volksfest „Cannstatter Wasen" die Bierkutschen ziehen, nachts in unmittelbarer Nähe des Festgeländes in 18 Quadratmeter großen Boxen untergebracht. Zuvor mussten die Tiere die Nacht in größerer Entfernung zum Fest in Anbindehaltung verbringen – und die mit Bierfässern beladenen Kutschen durch die halbe Stadt ziehen. PETA appellierte 2013 und 2014 mehrmals an die Brauerei Dinkelacker-Schwaben Bräu sowie das Stuttgarter Veterinäramt, die Anbindehaltung der Pferde zu beenden. Dem Appell von PETA, keine Pferde mehr auf dem Volksfest einzusetzen, folgte das Unternehmen bisher nicht.

Cappeln: Geldstrafen für Schweinemäster

September 2015 – Im März 2013 zeigte PETA zwei Schweinemäster im niedersächsischen Elstern-Cappeln wegen schwerer Verstöße gegen das Tierschutzgesetz an. PETA-Ermittler fanden zuvor zahlreiche verletzte, verkotete Tiere vor – darüber hinaus wurde ein zu hoher Ammoniakwert in der Anlage gemessen.[269] Die beiden Unternehmer wurden rechtskräftig zu Geldstrafen von 40 Tagessätzen à 25 Euro und 120 Tagessätzen à 25 Euro verurteilt – einer der beiden Verantwortlichen, Joseph K., gilt nunmehr als vorbestraft.[270]

Garrel: Geldbuße für Heidemark-Putenmäster

August 2015 – Im Juni 2013 erstattete PETA mehrere Strafanzeigen gegen Putenmäster des Großkonzerns Heidemark, u. a. auch gegen den Landwirt Klaus E. aus Garrel. Das Verfahren wegen Tierquälerei wurde im August 2015 von der Staatsanwaltschaft Oldenburg gegen Zahlung einer Geldbuße von 1.200 Euro eingestellt.[271]

Elfenbein und Affenköpfe: Geldbuße für Kunsthändler wegen Verstoßes gegen den Artenschutz

August 2015 – Nach einem Whistleblowerhinweis erstattete PETA Anzeige gegen einen österreichischen Kunsthändler, der Körperteile seltener Tiere zum Verkauf anbot. Bei einer Hausdurchsuchung wurden 28 Elfenbeinfiguren, ein Stoßzahn und zwei Affenköpfe beschlagnahmt. Das Verfahren wegen Verstoßes gegen das Artenhandelsgesetz wurde gegen Zahlung einer Geldbuße von 2.000 Euro eingestellt.

Braunschweig: Strafbefehl und Anklageschrift gegen Schlachthofbetreiber

Juli 2015 – Im November 2013 erstattete PETA Strafanzeige gegen zwei Betreiber eines Schlachthofes bei Braunschweig. Der Tierrechtsorganisation war ein Video zugespielt worden, auf dem eindeutig zu sehen war, wie Schafe ohne Betäubung geschächtet wurden. Dabei handelte der Betrieb ohne Genehmigung. PETA schaltete auch das Landwirtschaftsministerium ein. Nach fast zweijährigen Ermittlungen und weiterer Zuarbeit durch PETA hat die Staatsanwaltschaft Braunschweig im Mai 2015 Anklage gegen einen der Beschuldigten erhoben.[272] Der gegen den zweiten Beschuldigten beantragte Strafbefehl wegen Tierquälerei wurde im Juli 2015 rechtskräftig; es wurde eine Geldstrafe von 450 Euro verhängt.[273]

Bad Boll: Geldbuße gegen Schweinemastbetrieb verhängt

Juli 2015 – Nachdem PETA-Ermittler in einem Muttersauenbetrieb in Bad Boll (Baden-Württemberg) verletzte und tote Ferkel sowie durch Mäusekot verunreinigtes Futter dokumentierten, erstattete die Tierrechtsorganisation im Februar 2015 Strafanzeige bei der Staatsanwaltschaft Ulm.[274] Das Verfahren wurde an den Landkreis Göppingen abgegeben – dieser verhängte im Juli 2015 einen rechtskräftigen Bußgeldbescheid über 250 Euro gegen den Betriebsleiter.[275]

Elefantenhalter des Zirkus Charles Knie wegen Tierquälerei verurteilt

Juni 2015 – Der Elefantenhalter des Zirkus, Ricardo Errani, wurde vom Amtsgericht Darmstadt wegen Verstoßes gegen das Tierschutzgesetz zu einer Geldbuße verurteilt.[276] Hintergrund ist die beim Zirkus Charles Knie auch durch PETA dokumentierte und angezeigte Praxis, die Elefanten zwischen den häufigen Ortswechseln bis zu 16 Stunden auf den engen Lkw-Transportern zu belassen – eine Tortur für die sensiblen Rüsseltiere.

Rot am See: Bußgeld gegen Heidemark-Putenmäster verhängt

Februar 2015 – Nachdem PETA-Ermittler in einem zum Heidemark-Konzern gehörenden Putenmastbetrieb in Rot am See verletzte, bewegungsunfähige, mit Geschwüren überwucherte und tote Puten dokumentiert hatten, erstattete die Tierrechtsorganisation im Juni 2013 Anzeige bei der Staatsanwaltschaft Ellwangen.

Eine Woche später bestätigte die behördliche Überprüfung die Vorwürfe. Erstinstanzlich wurde der Putenmäster vom Amtsgericht Langenburg verurteilt. Das Verfahren wurde jedoch in der Berufungsinstanz eingestellt. Der Putenmäster musste 450 Euro Geldbuße an eine gemeinnützige Organisation zahlen.[277]

Mühlhausen: Geldstrafe für Pferdehändlerin
März 2015 – Im April 2012 erstattete PETA Strafanzeige gegen die Pferdehändlerin Monika S. aus Grabe bei Mühlhausen. Die Frau hatte Tiere in betrügerischer Weise und mit unzutreffenden Angaben u. a. über die Internetplattform eBay verkauft. Außerdem wurden tierschutzrechtliche Defizite angezeigt. Im März 2015 teilte die Staatsanwaltschaft Mühlhausen mit, dass ein Strafbefehl gegen Monika S. ergangen ist, der rechtskräftig geworden ist. Die Pferdehändlerin wurde wegen Betrugs zu 40 Tagessätzen à 20 Euro verurteilt.[278]

Köln: Hundequäler in Köln wegen Teletaktereinsatz zu Bußgeldern verurteilt
März 2015 – Im Dezember 2013 erstattete PETA Strafanzeige wegen Tierquälerei gegen mehrere Mitglieder des Vereins Deutsche Schäferhunde (SV) e.V., Ortsgruppe Köln Worringen, unter anderem gegen den Vorsitzenden der Ortsgruppe, den Ausbildungswart und den Jugendwart. Die Beschuldigten hatten Hunde auf dem Trainingsplatz mit Elektroreizgeräten misshandelt. Der Vorsitzende wusste von der Tierquälerei, unternahm jedoch nichts dagegen. Im März 2015 verurteilte das Amtsgericht Köln die Täter zu Bußgeldern in Höhe von bis zu je 250 Euro.[279]

Einhausen: Hohe Geldbuße für Hundehalter
Januar 2015 – Im April 2013 erstattete PETA Strafanzeige gegen Hundehalter in Einhausen/Hessen, die mehrfach u. a. gegen die Tierschutzhundehaltungsverordnung verstoßen hatten. Sie hielten ihren Hund dauerhaft im Zwinger und verwehrten ihm Auslauf sowie soziale Kontakte. Nachdem die Staatsanwaltschaft Darmstadt Anfang 2014 Anklage beim Amtsgericht Bensheim erhob, wurde das Verfahren nun gegen Zahlung einer Geldbuße in Höhe von 4.500 Euro an eine Tierschutzorganisation eingestellt.[280]

Kolkwitz: Sechs Rehkitze getötet – Anklage gegen mehrere Personen erhoben

Januar 2015 – Im Juli 2013 erstattete PETA Strafanzeige gegen einen Landwirt in Kolkwitz, der bei einer Mahd mindestens sechs Rehkitze tötete. Die Staatsanwaltschaft Cottbus nahm die Ermittlungen auf. Im Januar 2015 wurde bekannt, dass Anklage gegen weitere Personen erhoben wurde.[281]

IKEA führt ab April 2015 weltweit vegane „Köttbullar" ein

Januar 2015 – Gemeinsam mit ihren Schwesterorganisationen hatte PETA USA das schwedische Möbelhaus im September 2014 in einer Petition gebeten, bei der Entwicklung einer klimafreundlicheren Variante der beliebten Köttbullar nur rein pflanzliche Inhaltsstoffe zu verwenden. PETA USA hatte im Vorfeld bereits zusammen mit IKEA an veganen Optionen gearbeitet.
Im Rahmen der Entwicklung eines neuen, nachhaltigeren Lebensmittelsortiments kreierte IKEA Food daraufhin Veggie-Bällchen, die auch für Veganer geeignet sind.[282]

Grenzach-Wyhlen: Strafe für Landwirt wegen tierquälerischer Kuhhaltung

Januar 2015 – PETA erstattete im Januar 2013 Strafanzeige gegen einen Landwirt in Grenzach-Wyhlen, der Kühe unter tierschutzwidrigen Bedingungen hielt. Den Tieren standen weder ein Witterungsschutz noch trockene Liegebereiche zur Verfügung. Außerdem hatten sie keinen ständigen Zugang zu frischem Trinkwasser oder Futter. Geschwächte Rinder wurden sich selbst überlassen. Die Staatsanwaltschaft Freiburg, Zweigstelle Lörrach, beantragte im Januar 2014 einen Strafbefehl gegen den Landwirt, der daraufhin vor das Landgericht Freiburg sowie das Oberlandesgericht Karlsruhe zog. Vergeblich – der Strafbefehl über 135 Tagessätze à 10 Euro ist rechtskräftig geworden.[283]

<u>Quellen:</u>

[265] Landkreis Osnabrück: Bußgeldbescheid. Az. 10.9-01 TSch BU 2015/77.

[266] Staatsanwaltschaft Hildesheim: Bescheid vom 02.06.2015. Az.: NZS 14 Js 17507/15.

[267] Staatsanwaltschaft Oldenburg, Amtsgericht Cloppenburg: Az. 18 Ds 240 Js 53825/12 (173/13).

[268] Staatsanwaltschaft Schwerin (2015): Az. 136 Js 14853/15.

[269] PETA Deutschland e.V. (2013): Horror in der Schweinemast. Recherche in einem Schweinemastbetrieb in Cappeln. www.peta.de/Schweinemast (08.04.2016).

[270] Az. NZS 1102 Js 17587/13 VRs.

[271] Staatsanwaltschaft Oldenburg: Az. NZS 1102 Js 69756/13).

[272] Staatsanwaltschaft Braunschweig: Az. NZS 123 Js 51131/13.

[273] Staatsanwaltschaft Braunschweig: Urteil vom Juli 2015. Az. NZS 123 Js 25116/15.

[274] Staatsanwaltschaft Ulm: Az. 12 Js 3783/15.

[275] Landkreis Göppingen: Bußgeldbescheid vom Juli 2015. Az. 505.70.002705.2.

[276] Amtsgericht Darmstadt: Urteil vom 13.10.2015. Az. 233 OWi 8200 Js 40305/13.

[277] Landgericht/ Staatsanwaltschaft Ellwangen: Az. 4 Ns 24 Js 9425/13.

[278] Staatsanwaltschaft Mühlhausen: Az. 143 Js 47339/12 VRs.

[279] Amtsgericht Köln: Az. 539 OWi-952 Js 9278/14-384/14.

[280] Amtsgericht Bensheim/ Staatsanwaltschaft Darmstadt: Az. 55 Ds – 500 Js 17201/13.

[281] Staatsanwaltschaft Cottbus: Az. 1570 Js 20142/13.

[282] Kitali, Felicitas (2015): Die veganen Kötbullar von IKEA sind da. Veganblog. 08.04.2015. http://www.veganblog.de/2015/04/die-veganen-koettbullar-von-ikea-sind-da/ (08.04.2016).

[283] Landgericht Freiburg/ Staatsanwaltschaft Freiburg, Zweigstelle Lörrach: Az. 5 Ns 81 Js 168/13 AK 78/14.

AUSWAHL VON TIERRECHTS-ORGANISATIONEN IN DEUTSCHLAND

**Albert Schweitzer Stiftung
für unsere Mitwelt**
Hauptstadtbüro
Dircksenstraße 47
10178 Berlin
kontakt@albert-schweitzer-stiftung.de
www.albert-schweitzer-stiftung.de

Animal Rights Watch e.V.
Hirschbachstraße 57
73431 Aalen
info@ariwa.org
www.ariwa.org

Deutsches Tierschutzbüro e.V.
Genthiner Straße 48
10785 Berlin
post@tierschutzbuero.de
www.tierschutzbuero.de

**Menschen für Tierrechte
Bundesverband der
Tierversuchsgegner e.V.**
Roermonder Straße 4a
52072 Aachen
info@tierrechte.de
www.tierrechte.de

Offensive gegen die Pelzindustrie
c/o Tommy Weißbecker Haus
Wilhelmstraße 9
10963 Berlin
info@offensive-gegen-die-pelzindustrie.net
www.offensive-gegen-die-pelzindustrie.net

**Pro iure animalis
- Für das Recht des Tieres -**
Bornergasse 45
76829 Landau
hoos@pro-iure-animalis.de
www.pro-iure-animalis.de

**Dr. med. Henrich
ProVegan Stiftung**
In der Kohlenbach 27
57080 Siegen
info@provegan.info
www.provegan.info

ReACT! e.V.
Sommerstr. 2
85586 Poing
rsac@bigfoot.com
www.react-online.de

SOKO Tierschutz e.V.
Jakober Str. 57
86152 Augsburg
info@soko-tierschutz.org
www.soko-tierschutz.org

die tierbefreier e.V.
Postfach 15 03 25
44343 Dortmund
info@tierbefreier.de
www.tierbefreier.de

**vegane gesellschaft
deutschland e.V.**
Marienstr. 19/20
10117 Berlin-Mitte
info@vegane-gesellschaft.org
www.vegane-gesellschaft.org

KURZPORTRÄT PETA DEUTSCHLAND e.V.

Ihren Ursprung hat PETA in den USA: Bereits 1980 gründete Ingrid Newkirk die Organisation mit dem Ziel, in Fällen von Tierquälerei zu ermitteln, sie öffentlich zu machen und zu beenden. Ihr Wunsch, sich für Tierrechte zu engagieren, entwickelte sich während ihrer Arbeit als Tierschutzbeamtin für den Staat Maryland. Denn hierbei entdeckte sie, wie viel Tiermissbrauch hinter den verschlossenen Türen von Labors, in der Intensivtierhaltung und an vielen anderen Orten stattfindet. Bis heute ist Ingrid Newkirk die 1. Vorsitzende und das Herz von PETA USA und PETA Deutschland e.V. Seit ihrer Gründung hat die Tierrechtsorganisation zahlreiche Fälle von Tierquälerei in Labors aufgedeckt und erreicht, dass deren Finanzierung eingestellt wurde. Sehr viele dieser Einrichtungen sind mittlerweile geschlossen, und auf Basis des von PETA USA vorgelegten Beweismaterials konnten Hunderte von Anklagen seitens des US-amerikanischen Landwirtschaftsministeriums erhoben werden. So wurde unter anderem der größte Pferdeschlachthof in Nordamerika dank des Drucks von PETA USA geschlossen. Inzwischen ist PETA zur größten Tierrechtsorganisation mit weltweit mehr als vier Millionen Unterstützern angewachsen.

1994 beschloss Ingrid Newkirk gemeinsam mit dem 2. Vorsitzenden von PETA Deutschland e. V., Harald Ullmann, auch in Deutschland auf gesellschaftlicher und politischer Ebene für ethisch korrektes Verhalten gegenüber Tieren zu kämpfen. Harald Ullmann lernte PETA USA im Jahr 1983 kennen, in dem er als Tutor und wissenschaftlicher Mitarbeiter an der Ohio State University arbeitete. Schon damals engagierte er sich für die Rechte von Tieren. Zurück in Deutschland sah er 1986 in der Animals Agenda eine Anzeige, in der PETA USA Mitarbeiter suchte. Harald Ullmann bewarb sich und wurde nach kurzer Zeit Office Manager und anschließend Director of Operations bei PETA USA. Im Jahr 1994 zog er zurück nach Deutschland mit dem Plan, dort eine Unterorganisation von PETA zu gründen. Eines der vielen Highlights: der Bayerische Fernsehpreis für die REPORT-Mainz-Redakteure Edgar Verheyen und Monika Anthes auf der Basis von PETA-Undercover-Ermittlungen für ARD exclusiv: Das System Wiesenhof. 2014 feierte die Organisation mit Stolz ein rundes Jubiläum: 20 Jahre PETA Deutschland e.V.

Inzwischen sitzt PETA Deutschland in Stuttgart. Insgesamt sind über 50 engagierte Menschen hauptamtlich für die Tierrechtsorganisation tätig. Hinzu kommen unzählige Menschen, die sich ehrenamtlich bei PETA engagieren; allein das Aktivistennetzwerk umfasst ca. 30.000 Unterstützer. PETA ist zu 100 Prozent spendenfinanziert – nur so ist die vielfältige Arbeit überhaupt möglich. Ohne die freiwilligen Helfer, die bei Aktionen vor Ort sind, ohne die großen Werbeagenturen, Fotografen, Prominenten, Zulieferer und andere kreative Köpfe, die PETA unentgeltlich unterstützen, wäre die Arbeit nicht so erfolgreich.

Mittlerweile gibt es Schwesterorganisationen in England, Frankreich, den Niederlanden, Indien, Asien und Australien, mit denen PETA Deutschland e.V. auf internationaler Ebene kooperiert.

PERSONENREGISTER

Julia Bielecki / PETA
Junior-Koordinatorin für Tierrechte und Christentum

Jobst Eggert / PETA
Manager Grafik / AV / Online-Kommunikation

Dr. Christopher Faßbender
Wissenschaftlicher Berater

Dr. Edmund Haferbeck / PETA
Manager der Rechts- und Wissenschaftsabteilung

Christopher Hollmann / PETA
Marketing-Koordinator

Peter Höffken / PETA
Senior-Fachreferent für Tiere in der Unterhaltungsbranche

Stephanie Kowalski / PETA
Junior-Fachreferentin gegen Tierversuche

Sophie Nouvertné / PETA
Rechtsassessorin

Vanessa Reithinger / PETA
Fachreferentin für Wildtiere

Dörte Röhl / PETA
Fachreferentin für Tierische Mitbewohner

Frank Schmidt / PETA
Senior-Fachreferent für Tiere in der Bekleidungsindustrie

Krishna Singh / PETA
Justiziar

Judith Stich / PETA
Senior-Koordinatorin Pressestelle

Harald Ullmann / PETA
2. alleinvertretungsberechtigter Vorsitzender